# 馬克·吐溫

## 美國文學之父 Mark Twain

鮑含開拓的精神與粗獷的幽默，以誇張性的冒險故事
與生動的人物素描，開創屬於美國文學的一片天

「每當你發現自己和大多數人站在同一邊時，你就該停下來反思一下。」

他是重大歷史事件的參與者，
他是開創美國小說口語化的先河，
他是最能代表美國民主精神的作家，
他是幽默大師──馬克·吐溫！

潘于眞，何水明 編著

# 目錄

# 目錄

# 序

馬克‧吐溫（Mark Twain，西元 1835 ～ 1910 年），原名塞繆爾‧朗赫恩‧克萊門斯，是美國的幽默大師、小說家、作家，也是著名演說家。

馬克‧吐溫出生於密蘇里州佛羅里達鎮。幼時家境貧困，12 歲時因父親去世輟學，開始到印刷廠當學徒。1851 年，在他的哥哥創立的報社中當排字工人，並開始發表幽默小品。21 歲時，馬克‧吐溫成為密西西比河上的領航員。這一段經歷為他今後的創作提供了許多素材。

1861 年，美國南北戰爭爆發，馬克‧吐溫隨哥哥去內華達。先捲入淘金熱潮，後到報社工作，從此開始創作生涯。1863 年開始使用「馬克‧吐溫」的筆名。1865 年，他在紐約一家雜誌發表幽默故事《卡拉維拉斯郡有名的跳蛙》，使他聞名全國。

1870 年，馬克‧吐溫與歐麗維亞‧蘭登‧克列門斯結成忠誠的伴侶。1873 年，馬克‧吐溫與查爾斯‧達德‧華納合寫的《鍍金時代》出版，這是他的第一部長篇小說。1876 年，長篇小說《湯姆歷險記》出版，受到讀者的廣泛喜愛。1884 年，《哈克歷險記》出版，這部小說得到評論家的高度評價，深受國內外讀者的歡迎。

1900 年 10 月，為償還債務旅行演講的馬克‧吐溫，在離開美國近 10 年後回國，受到熱烈歡迎，成為藝文界的領袖。1904 年，妻子在義大利逝世。馬克‧吐溫進入了事業的最後階段。晚年最重要的著作是他口授、由祕書筆錄的《自傳》。

1910 年 4 月 21 日，馬克‧吐溫去世，享年 75 歲。

# 序

　　馬克‧吐溫是美國 19 世紀中後期成就卓著的現實主義作家，世界著名的短篇小說大師。他經歷了美國從「自由」資本主義到帝國主義的發展過程，其思想和創作也表現為從輕快調笑到辛辣諷刺再到悲觀厭世的發展階段。他的長篇小說《哈克歷險記》，已成為現代美國小說的經典著作。

　　馬克‧吐溫以幽默的寫作風格和大量美國土語的巧妙運用，增加了美國文學的獨特韻味，為美國文學獨立品格的形成，作出了巨大的貢獻。此外，馬克‧吐溫的貢獻還在於創造了一種符合美國民族精神的散文文體。

　　馬克‧吐溫是 19 世紀美國現實主義文學主要奠基人之一，他開創了美國小說語言口語化的先河，對後世作家產生了巨大影響。美國人尊其為「我們文學上的林肯」。他的作品在世界各國廣泛流傳，深受大眾喜愛，已成為世界文學寶庫中的一部分。

　　作為現實主義文學的主將，馬克‧吐溫在美國文學史上造成了繼往開來的作用。在美國建國後的許多年裡，作家們幾乎都處於英國文學傳統的影響之下。而馬克‧吐溫的功績在於，他打破了這個局面，用西部地區的群眾幽默，充滿美國俚語的口語體，特殊的說故事方式闖出一條新路。

# 拓荒者的後代

1835 年 11 月 30 日，馬克‧吐溫出生在美國密蘇里州的佛羅里達鎮鄉村的一個貧窮的律師家庭。馬克‧吐溫原名叫塞繆爾‧朗赫恩‧克萊門斯。

塞繆爾是在全家遷徙西部的時候，被母親珍‧蘭普頓‧克萊門斯夫人生下來的早產兒。為了紀念他的祖父，父母給孩子取了個教名「塞繆爾」。

塞繆爾是家中 7 個小孩中的第 6 個孩子。他只有一個哥哥一個姐姐在童年過後，倖存了下來。哥哥是奧利安‧克萊門斯，姐姐是帕梅拉。

塞繆爾的祖先是英格蘭人，於 1642 年飄洋過海來到了新大陸，成為無數個拓荒者之一。塞繆爾的祖父，也就是塞繆爾‧克萊門斯於 1805 年在幫助鄰居家搭蓋房屋時，被一根圓木掉下來砸死了，遺留下祖母和 5 個孩子。

祖父一死，塞繆爾的父親約翰‧馬歇爾‧克萊門斯的苦日子也就開始了。約翰 10 歲時，他隨改嫁的母親從維吉尼亞遷至肯塔基。在繼父的嚴厲管教下，約翰很小就不得不進廠做工。缺少歡樂的童年，再加上繁重的工作，使約翰‧克萊門斯的個性既嚴肅又憂鬱。

約翰‧克萊門斯勤奮好學，在 23 歲時，他獲得了律師證書。1823 年 5 月，約翰‧克萊門斯與珍‧蘭普頓在肯塔基小鎮的列剋

星敦結婚。當時珍 20 歲，約翰・克萊門斯 24 歲，他們誰都沒有什麼錢財。

不久，克萊門斯夫婦便遷到田納西州東部荒涼山地裡的詹姆斯敦村。約翰・克萊門斯認為，這裡將會成為新的經濟中心。而他作為一名律師或法官，抑或商人，在此都會有很好的發展前景。

約翰・克萊門斯在法院工作，因此有能力在當地蓋了一幢較為豪華的房子。為了身後給孩子們留下一份財產，讓孩子們能夠過上富足的生活，他們經過幾年的艱苦奮鬥和掙扎，終於以 400 美元左右的價錢，購置了一大塊包括礦山、森林在內的 40,000 多公頃的土地，成了當地有名的富豪之家。

在當時，一次性地支付的那些錢，實在算是一筆巨款，至少在東田納西的芬屈雷斯縣坎伯蘭山的松林和圓丘這一帶的人們是這麼認為的。

雖然這片土地還很荒蕪，可是約翰・克萊門斯認為這片土地鐵礦豐富，還有別的礦藏。在這裡，有幾千公頃上好的黃松木材，可以編成木筏，沿奧勃茲河放下去，放到坎伯蘭、俄亥俄，從俄亥俄再放到密西西比河，再從密西西比河放到任何需要木材的地方。這一大片松林，還能生產焦油、松節油、松脂，要多少有多少，財源必定會滾滾而來。

此外，這個地方還是一個產酒的地方。美國任何一個地方，無論種植什麼，都沒有一個地方能像這裡那樣盛產葡萄酒。這裡的葡萄都是野生的。這裡還有牧場，有玉米地、小麥地、馬鈴薯

地，還蘊藏著豐富的煤。

望著這一大片土地，約翰·克萊門斯很高興，他興奮地對家人說：「不管我自己的遭遇怎樣，我的後代是保了險的。我不能親眼看到我這些土地變成金子、銀子，可是我的孩子們會見到的。」

但是幾年之後，約翰·克萊門斯逐漸對現狀感覺到不滿意。因為到法院打官司的人很少，他創立的一整套發展詹姆斯敦的計劃又沒有著落。

在沮喪之餘，約翰·克萊門斯開始做起了小生意，他開了一家雜貨店。

約翰大部分的時間都是在雜貨店度過的，但收入卻極其微薄。當地人買東西時很少支付現金，而是非常樂意付給各種實物，因為在這個偏僻的地方，有錢的人真是太少了。

因此在開店鋪的同時，約翰·克萊門斯還得設法尋找案件處理。但即使如此，一家人的生活仍然很難維持下去。

於是約翰·克萊門斯動身前往波爾莫爾。但是波爾莫爾同樣是個窮地方，約翰·克萊門斯依然無法施展自己的抱負。

看著自己的幾個孩子，約翰·克萊門斯原本沉鬱的臉龐上，又增添了幾道深深的皺紋。因為費心勞力，他的身體開始變得愈來愈差了。

但約翰·克萊門斯並沒有就此放棄自己的理想和抱負，他把眼光又一次投向了美國的西部，那是一片神奇的、富饒的，且充滿希望的西部。

## 拓荒者的後代

「到西部去！」在美國歷史，人們不會忘記有這樣一句非常響亮的口號。當時這是一句非常誘人的口號。無論是年輕人還是中年人，甚至很多老年人，都相繼離開了世世代代繁衍生息的故土，踏上了到西部尋求幸福的路途。

在人們的腦袋中，西部就是自由和幸福的天堂，人們可以按照自己的願望自由生活，所有的土地都是那樣的肥沃，移民們自己制定公正無私的法律，一切都是那麼令人神往和痴迷。為了這些美好的幻想，人們紛紛奔向西部。

而塞繆爾，也就是後來馳名世界的馬克·吐溫，就是誕生在美國歷史上這次著名的西進運動中。

# 父親的奮鬥精神

　　1835 年，31 歲的約翰·克萊門斯辭去了當地郵政局長的職位，帶著一家人踏上了橫穿全國的崎嶇不平的旅途，趕往夢想中的西部。

　　約翰·克萊門斯駕著一輛兩匹馬拉的大車，車上坐著他的妻子珍、8 歲的帕梅拉、5 歲的瑪格麗特和 3 歲的班傑明。車上裝著所有的家當。10 歲的兒子奧利安和女黑奴珍妮各騎一匹馬走在前面。他們穿過田納西和肯塔基，到達了路易維爾。馬匹、車輛及家人在那裡又改乘船，沿著俄亥俄河順流而下，後又逆密西西比河而上，直抵密蘇里州的聖路易斯。在此上岸，趕車往北而行。

　　幾個星期後，約翰·克萊門斯一家終於到達了前幾年遠走西部的珍的娘家所在的佛羅里達村。

　　在當時，佛羅里達是美國的西部邊疆。美國獨立戰爭贏得勝利時，13 個州領土還很小，只是局限在阿勒格尼山以東到大西洋沿岸狹長的一線。獨立戰爭以後，美國國民開始了漫長的西部開發。

　　約翰·克萊門斯先是與妻子珍的妹夫，約翰·誇爾斯合夥開個小店，做點小生意。店面很小，五六個架子上掛著幾捆零碎印花布，櫃臺的後面有幾桶鯡魚、咖啡和紐奧良的糖，牆角邊還放著掃把、鏟子、斧頭、鍬、耙子之類的一些物品。牆上掛著一些

## 父親的奮鬥精神

便宜、簡單的帽子，有男式的也有女式的。在屋子的另一頭，還有一個櫃臺，放著幾袋子彈，一桶奧爾良糖蜜和本地產的散裝的威士忌酒，商品種類也算比較豐富。

孩子們只要花上一角買東西，就可以吃到放在桶裡的一點糖。女人們買幾碼印花布，除了免費招待一杯有糖和乳酪的茶以外，還可以得到一團線。如果是男人們來買東西，則是請喝一大杯的威士忌。

但是約翰·克萊門斯的理想並不是僅僅當一個鄉下小雜貨店的店主，他要做各種有利於發財的「事業」。他想發明一個永不停轉的機器，但是最終沒有成功。

1837 年，約翰·克萊門斯參加了籌建鹽河航運公司的 16 人小組，可是由於一些原因，籌建工作也失敗了。隨後，他又熱衷於建築一條地方小鐵路的規劃，但也以失敗而告終。

1839 年 11 月，克萊門斯一家搬到了密西西比河西岸的馬里昂縣的漢尼拔。

此時，已經 4 歲的塞繆爾第一次見到了這條他所傾心的，給他無窮力量與智慧的密西西比河。只見大河兩岸風景如畫，河面寬闊，河水清澈如鏡。

密西西比河是美國的第一大河。它同南美洲的亞馬遜河、非洲的尼羅河和中國的長江，統稱為世界四大長河。美麗富饒的密西西比河，發源於美國西部偏北的洛磯山脈北段的群山峻嶺之中，透迤千里，曲折蜿蜒，河水由北向南縱貫美國大平原，最後河水直接注入墨西哥灣。密西西比河是北美大陸上流程最遠、流

域面積最廣、水量最大的水系，河水像母親的乳汁一樣養育了西岸群眾。

在這條大河的滋潤下，密西西比河整個流域的人們都過得很幸福。美國國民長期以來稱源遠流長的密西西比河為「老人河」。它的名稱起源於居住在美國北部威斯康辛州的阿爾貢金人，阿爾貢金人是印第安人的一支，他們把這條河流的上部叫做「密西西比」。「密西」意為「大」，「西比」意為河，「密西西比」即是「大河」或「河流之父」的意思。

密西西比河兩岸的風光十分迷人。西岸，草原一望無際；綠色的波浪碧波蕩漾，在天際同藍天連成一片。東岸，河邊、山巔、岩石上、幽谷裡，各種顏色、各種芳香的樹木雜處在一起，茁壯生長，高聳入雲。野葡萄、喇叭花、苦蘋果在樹下交錯，在樹枝上攀緣，一直爬到頂梢。它們從槭樹延伸到鵝掌楸，從鵝掌楸延伸到，形成無數洞穴、無數拱頂、無數柱廊，那些在樹間攀緣的藤蔓常常越過小溪，在水面上搭起花橋，真是美麗極了。

在鐵路出現以前，密西西比河和它的兩大支流俄亥俄河、密蘇里河一起，長期占據著交通運輸的核心地位。可以說它是當時美國的經濟生命線。河上各種運載旅客和貨物的船隻，以及船上的領航員、水手，在兩岸孩子們的心目中是最神祕、最了不起的人。

密西西比河激發了馬克·吐溫的創作靈感，並成為他的著作《湯姆歷險記》和《哈克歷險記》的背景場地。此時，密蘇里州是聯邦的奴隸州，年幼的塞繆爾在此開始了解奴隸制，並發展成為他此後著作中歷險小說的主題。

## 父親的奮鬥精神

交通運輸的發達，帶來了密西西比河兩岸的繁榮。漢尼拔就是這樣發展起來的一個城鎮。在塞繆爾一家到來時，漢尼拔已是密蘇里州的第二大城市，不論大小船都在此停靠。

此時，漢尼拔鎮有 1,000 多居民，鎮上開設了兩家大型的屠宰場、三四家酒店、3 個鋸木廠、4 家雜貨店和兩家旅館，以及鐵匠鋪、皮革廠等，這麼多工廠聚集在這裡，讓這裡人聲鼎沸，顯得很繁榮。

在肯塔基和田納西沒有發揮出才能的約翰・克萊門斯，在漢尼拔終於有了用武之地。他被選為了法院的法官。

約翰・克萊門斯是一個嚴肅、正直而又拘謹的人。在宗教上，約翰・克萊門斯倡導自由，但在為人和執法上，他卻是一位剛直不阿的法官。他在審理案件的過程中，不畏權勢，不欺壓貧民。每一件案件都盡力做到公平、公正。他兢兢業業地工作，很快得到了鄉親們的認可。全鎮的人都了解他品德的高尚，因此大家都非常信任他。在初到漢尼拔時，約翰・克萊門斯做得很出色。

可是辦事一向謹慎穩健的約翰・克萊門斯，卻很快遇上了厄運。他把佛羅里達的財產賣給了投機客艾拉・斯托特，然後從這個投機客手裡買下了漢尼拔的幾處房子，並且為艾拉做了保證人。後來，艾拉鑽了破產法的漏洞，宣布自己破產了。這樣一來，他的債務就全都落到了保人約翰・克萊門斯的身上。為了還清債務，約翰・克萊門斯甚至賣掉了家裡的一些家具和餐具。

因此在漢尼拔，無論當法官，還是擔任其他的職務，約翰・

克萊門斯都沒能從根本上解決家中的經濟問題。家裡的生活依然很窘困。家人們也過著朝不保夕的艱苦的日子。可是家人並沒有因此抱怨太多。

為了緩和家庭經濟危機，塞繆爾的母親珍·克萊門斯不得不創辦一所寄宿學校，大女兒帕梅拉教授音樂課，大兒子奧利安則被派到聖路易斯做印刷學徒，以賺錢來補貼家用。

他們也曾想過要賣掉田納西的那些土地，但是約翰·克萊門斯捨不得賣掉，他希望那一大片土地能給全家帶來收益。至少有那片土地在，他們的日子還能過得踏實一些，至少能讓他們內心稍覺有些安慰。

1847 年，約翰·克萊門斯法官因自己的聲望被提名為馬里昂縣巡迴法庭的書記官，並在競選中佔有絕對的優勢。選舉應在 1847 年的 8 月舉行，這對克萊門斯一家來說，無疑是一個天大的好事。當地報紙也報導說，克萊門斯先生受到很多人的支持，因而當選應該是不成問題的。

然而，就在這年 3 月的一天，約翰·克萊門斯騎馬去 12 英里外的巴美拉鎮，去聽取有關他和漢尼拔最令人厭惡的黑奴販子威廉·畢布的法院例會。威廉·畢布在 5 年前買走了他家的女黑奴珍妮，但 500 美元價款卻一直沒有支付。

在被強制拍賣部分財物後，畢布心生歹念，他要報復約翰·克萊門斯。畢布從雜貨舖老闆的手中買下了克萊門斯的一張欠款單後，向法院遞交了訴訟書，要求拍賣克萊門斯的財產。現在，約翰·克萊門斯正就此事去聽取裁決。

## 父親的奮鬥精神

　　3月的天氣顯得陰冷無常，天氣說變就變。在回家的途中，約翰‧克萊門斯不幸遇到了風雪，他騎著馬在天寒地凍的雪地裡艱難地往回走。約翰‧克萊門斯到家後就得了感冒，隨即發展為胸膜炎、肺炎。沒想到小小的感冒最後發展到不可挽回的重病。1847 年 3 月 24 日，約翰‧克萊門斯在依依不捨中離開了可憐的妻子兒女。而這一年，塞繆爾，也就是後來享譽世界的作家馬克‧吐溫，僅有 12 歲。

　　約翰‧克萊門斯在去世時說的最後一句話是：「守住這片地，等待時機，不要被人家騙走了。」在近 50 年的生命裡，約翰‧克萊門斯經歷了太多的坎坷，但是他的心頭總是不斷地升起希望，促使他執著地追逐自己的理想。可是命運不濟，他在幾番雨雪過後還是沒有機會看見彩虹，儘管他是深受民眾愛戴的法官，可是他依然被人算計得很慘，最後含恨而逝。

　　約翰‧克萊門斯將田納西州的一大片「地上和地下都蘊藏著無窮寶藏的田產」留給了自己的孩子們。但是他的兒女們沒有從這塊土地上獲得任何收益，因為僅僅在父親買到這塊田地以後的第四年，也就是 1834 年，金融危機爆發了。

　　在這場風暴中，約翰‧克萊門斯的夢想黯然失色了。當他一夜醒來時，發現再也不是什麼晴朗的早晨，而是一個充滿厄運的時刻。約翰‧克萊門斯原來備受尊敬和羨慕，被視為芬屈雷斯縣最富裕的公民，因為除了一大片田地之外，別人都猜他一定擁有不少於 3,500 美元的財產。

　　但是現在算起來，家裡的「寶貴」財產只值原來的四分之一

了。當這片土地被處理掉時，比起以前的投資，家裡沒有一分錢的進帳。

關於父親留下的這塊土地，馬克‧吐溫後來經常提起。此外，對於這塊土地，還有一個人如老克萊門斯一家一樣，熱切地盯著這塊地，他便是塞繆爾的媽媽所愛的堂兄弟詹姆斯‧蘭頓。每當詹姆斯提到這片土地時，他就常說，並且說的時候總是那麼興奮，眼睛中閃著亮光，說道：「這裡邊可有幾百萬啊，幾百萬！」

馬克‧吐溫的諷刺小說《鍍金時代》中的塞勒斯上校，就是以他的這個舅父為原型的。

成名後的馬克‧吐溫認為，自己是這塊「田納西州地產」的唯一受惠者。因為它為馬克‧吐溫的著作《鍍金時代》提供了很好的寫作背景。他從這部書中總共獲得了 2 萬美元的收益。

儘管父親投資這塊地產時，馬克‧吐溫還沒有出生，但他卻開玩笑地說：「這正說明父親不是故意偏心的。」也許正是這塊「田納西州的地產」影響了馬克‧吐溫的一生。以此為素材，他開始嘗試進行長篇小說的創作，並且取得了成功。這也是約翰‧克萊門斯投資這片土地的意想不到的收穫。

約翰‧克萊門斯去世後，家裡人把田地整頓了一下，一心想把田地賣掉以後，再作其他的安排，當然是想過富足的生活。當時全家一致認為，在大家都能充分地發揮聰明才智並把土地賣掉之前，可以從從容容地休息休息。

於是，一家人租了一間大房子居住。可是沒有想到，他們急切盼望著的土地交易令他們很是失望，對方並不想買下全部的土

## 父親的奮鬥精神

地，而只是想買其中的一部分。而克萊門斯一家是想把土地一次性賣出去，即使買幾萬畝也不賣。這樣一來，他們就住不起大房子了，只好搬到了比較便宜的房子裡。

在父親逝世後，除了 4,000 多公頃的土地以外，都處理掉了，並沒有賣到多少錢。1887 年之後，這 4,000 多公頃土地也沒有保住，賣掉了。馬克‧吐溫的哥哥奧利安憑著這筆錢，買下了賓夕凡尼亞州油區的科裡鎮上一座房子和一塊地皮。

1894 年左右，奧利安把這個房子賣了，賣了 250 美元。田納西那塊寄託著父親和家人無限熱望的土地，就這樣在兒子奧利安的手上沒了。

關於這宗田產，馬克‧吐溫晚年回憶說：

生來就窮是好事；生來就富也是好事 —— 這些都是有益的。可是生來就窮而又有希望變富啊！沒有這種經歷的人，想像不到這是多大的禍害。

然而無論怎樣，父親約翰‧克萊門斯面對厄運而奮鬥不息的精神哺育了馬克‧吐溫，促使他走上了艱苦但又輝煌的人生之路。

# 深受母親的影響

在塞繆爾的心中，母親是一位十分堅強的女性。母親對於家裡不穩定的經濟狀況顯得很坦然，沒有過多的抱怨。無論生活多麼困苦，她都盡量讓孩子們感到安全和舒適。

母親珍沒有特別的經歷，但是她那仁慈而又可愛的個性，卻給馬克·吐溫留下了極其深刻的印象。馬克·吐溫從母親身上繼承了許多鮮明的個性特徵。

珍在 40 歲的時候，身體很差，鄰居們都認為她將不久於人世。但珍卻一副無所謂的樣子，對周圍的人和事依然很感興趣。些許的沮喪，對她來說都是沒有聽說過的事情。

塞繆爾的媽媽絕對是個熱心腸，她的胸襟很是開闊，周圍任何人的事情就是她的事情。一次，鎮上發生了一起車禍，鄰居告訴珍，由於一頭牛犢的驚擾，有個人從馬上摔下來喪命了。

母親很關切地追問道：「那個馬駒怎麼樣了？」她不但對從馬上摔下來的人關心，而且她對馬的安危也同樣關切。

馬克·吐溫曾這樣評價自己的母親：「她的個性猶如陽光般明朗，她整個漫長的一生都像過節一樣。」

母親珍說起話來愛拉長腔調，一副慢條斯理的樣子，非常好笑。而馬克·吐溫後來作為一個演說家，便借鑑了母親的這種說話方式，引人發笑，效果很好。

據說，有一回珍·克萊門斯夫人乘火車，旁邊有兩個人在爭論馬克·吐溫究竟出生在何地。

## 深受母親的影響

珍聽了，告訴他們說是在佛羅里達，並說：「我是他的母親，我應該知道他生在什麼地方。生他的時候我在場。」

珍是長老會的教徒，但是她不狂熱，從不把宗教信仰當成自己生活中的一種負擔。她曾說：「宗教是一大罐水我只能喝下一瓢。」這可真是一個精闢的觀點。

關於珍嫁給約翰·克萊門斯，還有一個小小的插曲。據說，珍在同約翰·克萊門斯結婚前，她愛著年輕的醫科大學生巴雷脫。但是因為她一時的任性，傷害了巴雷脫的自尊，於是巴雷脫轉身就走了。珍為了證明自己對此毫不在乎，也為了堵住街坊鄰居的嘴，於是她便嫁給了年輕好學的律師約翰·克萊門斯。婚後的日子雖然過得有些艱苦，但是他們彼此學會了相互體諒和和睦相處，家庭生活也比較融洽。

在珍 82 歲時，她住在克勒克城。有一天，不知為什麼，她堅持要參加密西西比河谷的老居民大會。雖然路途有些遠，但已是高齡的珍·克萊門斯夫人一路上非常地興奮，其熱切的心情彷彿使她又回到年輕時代。

珍一到旅館，她就急切地就打聽路易·巴雷脫醫生的消息。得知他當天早上就回家了，而且不再回來，珍一下子沒了興致，轉頭就要回家。

回到家後，珍默默地坐著，在沉思了幾天後，她才告訴馬克·吐溫他們，她 18 歲時，曾經真摯地愛過一位學醫的青年學生。不料後來發生了一次誤會，他就出國了。而她閃電般結婚，就是為了表示她對這段愛情的不屑。

從那以後，珍就再也沒有見到過巴雷脫。然而，她從報紙上得知巴雷脫將參加今年的老居民大會，於是她就想與他見上一面。

「要是早到 3 個小時，我就能在旅館見到他了。」母親珍嘆息地說道。

那年快要結束時，母親珍的記憶力開始衰退。她寫信給已經過世 40 年的老同學，而不明白他們為什麼從不回信。4 年之後，珍就離開了人世。

馬克·吐溫的母親直至離去，都保持著說話能力。母親以前總是對馬克·吐溫說，在他出生的頭 7 年，身體多病，主要是依靠藥物才活下來的。

在她臨死的那一年，馬克·吐溫又問起了這個事，他說：「我想那幾年，你肯定一直很替我擔心的？」

「是的，一直擔心。」母親說。

「怕我活不下來？」馬克·吐溫問道。

母親思索了一下，假裝想回憶一下，然後說：「不，怕你活下來。」看，多麼可愛又詼諧的母親。

珍生性仁慈，心地寬闊，對人和動物都很親善。有一天，在聖路易斯的街道上，她遇到一個長得很是粗壯的馬車伕，正用鞭子狠命打馬的頭部。於是，珍立即衝了上去，奪過了他手中的鞭子，並最終說得那個車伕自慚形穢，並答應以後再也不這樣虐待馬匹了。

對於那些不會說話的動物，珍就是牠們的朋友。正像馬克·吐溫所描述的那樣：憑著某些微妙的跡象，那些無家可歸、被人

## 深受母親的影響

　　追趕、搞得一身髒臭、惹人討厭的貓，一眼就看中了她，認定母親天生會庇護牠們，於是就跟著她走進了家門。

　　馬克・吐溫清楚地記得，在 1845 年的時候，家裡一度有 19 隻貓。其中沒有一隻是優良品種，或者有什麼惹人喜愛的長處，只不過像通常那樣，牠們的運氣不好罷了，這才使得母親收留了這些可憐的貓。

　　但是，珍拒絕讓任何動物在籠子裡生活，至少在她的家裡是不允許的，她甚至不允許家人去妨礙一隻老鼠的來去自由。

　　除了擁有仁慈之心，珍有時還格外堅強、勇敢。有一天，鎮上的一位流浪漢拿著根繩子，在街上追趕他的已成年的女兒，揚言要把她捆起來。

　　珍聽到了追趕聲，她就敞開家門，讓那女孩逃了進去。珍非但沒有關門上鎖，反而站在門口，堵住那傢伙的路。流浪漢威嚇她，罵她，珍就是不動，毫不退縮。同時，珍也羞辱流浪漢，罵他，令他敗下陣來。後來流浪漢稱讚珍是他見過的最勇敢的女人，此後他們竟成為了好朋友。

　　這件事深刻地印在了馬克・吐溫的腦海裡。他不僅讚嘆母親的勇敢，而且在以後的生活中也以母親為榜樣，使自己成為一名極有正義感的勇士。

　　珍還會用生活中的案例教育孩子。正如馬克・吐溫所說，母親說的都是很平凡的話，用的是平凡的字眼。可是這些平凡的話卻深深地打動了馬克・吐溫的心。這種教育是真誠而淳樸的，最能澆灌孩子們幼小的心田。

當時一個家庭裡通常都會雇幾個黑人幫忙做家事，但因為塞繆爾的家境不是很好，所以只雇了一個小黑人，他的名字叫桑迪，是從哈內波爾買來的，而他又是從馬里蘭某地被販賣來的。

　　桑迪做事總是拖拖拉拉的，每項工作花費的時間都要比別人多一倍。因此他常常成為塞繆爾惡作劇的對象。

　　桑迪天真活潑，他來到塞繆爾家後，整天地唱歌、吹口哨，喊叫、大笑，很是快樂。而在塞繆爾看來，桑迪總是瘋瘋癲癲、吵吵嚷嚷的。

　　終於，塞繆爾被吵煩了，他跑到母親那裡告狀，說：「桑迪整整唱了一個小時了，我再也受不了了！請你讓他閉嘴！」

　　這時，塞繆爾看到母親的眼裡流出了淚水，她語重心長地說：「可憐的孩子，他歌唱的時候對我來說很欣慰，因為他忘記了自己的苦難。他安靜了，我想他一定想起了自己的媽媽，他再也見不到他的媽媽了。孩子，等你長大了，你就會明白，聽一個孤寂的孩子的歌聲，會令你欣慰的。」

　　在一個風和日麗的早上，桑迪坐在樹下，望著遠方發呆。塞繆爾看見了，以為桑迪又再偷懶了，於是想要捉弄捉弄他。母親看出了塞繆爾的意圖，出面阻止他說：「可憐的桑迪唯一的親人去世了，整個人變得無精打采的。塞繆爾，你不可以又捉弄他！」塞繆爾懂事地點點頭。

　　沒隔幾天，塞繆爾看到桑迪恢復了以前的樣子，哼著小曲，很悠閒地工作。心想：無情的桑迪，親人才死沒多久，就不再悲傷，還那麼快樂！

### 深受母親的影響

　　塞繆爾向母親說出了自己的想法，母親搖搖頭，對他說：
「其實桑迪是個勇敢的孩子！發生那麼大的事，一個人默默地承
受。看著他前幾天老是發呆，不哭不笑的，我還真替他擔心呢！
現在他總算度過那段最傷心的日子，我們應該為他感到高興才對
啊。」

　　母親這些意味深長的話，使馬克・吐溫懂得了桑迪的心情，
同時也使他更了解了自己善良的母親。

　　馬克・吐溫在晚年回憶母親時，他這樣寫道：

　　她體型瘦小，但心地寬宏。寬宏到對每個人的痛苦和每個人的幸
　　福都裝得下。

# 耍小聰明的男孩

在克萊門斯一家搬遷到漢尼拔時，此地還是一個剛開發不久的小鎮，到處都呈現出一片美麗的自然景象。

漢尼拔鎮毗鄰密西西比河，鎮後是一片綿延起伏的山巒，山上有密林、山洞，還有各種可愛的小動物。這裡四季如夏，你可以看到樹林、山巒和奔騰的河流，還有頭戴草帽的孩子們在河邊釣魚。

隔著密西西比河是伊利諾伊州廣闊的平原，那裡有馬克・吐溫終生難忘的約翰姨夫的農場。奔騰不息、氣勢磅礴的密西西比河是馬克・吐溫童年時代和朋友們嬉戲玩耍的天然的遊樂場。

塞繆爾 4 歲半開始上學，此時當地還沒有公立學校，只有兩所私立學校，學費是每人每週 2 角 5 分。塞繆爾先是在霍爾太太開的學校裡上學。

在上學的第一天，塞繆爾第一次聽到別人把自己的名字連成一串地叫出來，此時他還沒有意識到事情的嚴重性，但是其他同學都知道，霍爾太太如果叫一個小孩全名的時候，事情就一定不妙了。

原來，剛上學的塞繆爾還沒有理解校規是什麼意思，他就破壞了一條校規，並受到霍爾太太的警告，不得再犯，否則就要挨打。沒多久，年幼的塞繆爾又不經意間違背了校規，於是霍爾太太便讓塞繆爾自己出去找一根枝條來。這讓小塞繆爾感到很高興，因為他認為自己能比別人更審慎地找到一根適合的枝條來。

## 耍小聰明的男孩

在爛泥漿裡，小塞繆爾找到了一個箍桶匠用橡木刨出來的那種舊式的木塊，寬5公分，厚厚的，一頭彎曲處有點鼓起來。附近還有些新刨的木塊，但是塞繆爾取了這一塊，雖然已經有點爛了。

塞繆爾把這根有點腐爛的木條遞給了霍爾太太後，恭順地站在她的面前，想爭取她的好感與同情。但是霍爾太太只是看了看木條，便生氣地說道：「我都替你感到丟臉，看來找枝條這樣的事，我得派一個比你判斷力強一點的人去找。」一聽到霍爾太太這樣說，在場的許多孩子的面孔立即煥發出光彩來，各個躍躍欲試，他們都希望能被指派去做這件事。最後霍爾太太指派吉姆·鄧拉普去找枝條回來。

接到命令，吉姆飛快地跑了出去，很快他就找到了一根粗硬的枝條回來，交給了霍爾太太。看到這根枝條，小塞繆爾不得不承認，吉姆確實是一個行家。

霍爾太太是一位來自新蘇格蘭的中年婦女。這位虔誠的基督徒力圖用《聖經》來塑造孩子們的心靈。可是天性活潑的塞繆爾對喋喋不休的祈禱和晦澀難懂的《新約》，一點都不感興趣。

開學的第一課，霍爾太太總是以祈禱和讀一章《新約》開始，她還扼要地把這一章解釋了一下。有一次解釋的時候，她講了原書所說的「祈求，你就會得到」。她說，不論誰，只要祈禱時是真心實意的，就不用懷疑祈禱會得到允準。

小塞繆爾對這個說法，印象極為深刻，對祈禱能提供這樣好的運氣非常高興。這是塞繆爾平生第一次聽到這個說法，於是他

就想試一試。此時小塞繆爾對霍爾太太的話簡直深信不疑，對祈禱的結果也沒有任何的懷疑，他祈禱能得到一塊薑餅。

薑餅是一種古老的食物，最早可見於古羅馬帝國時代，一本叫《羅馬帝國的烹飪和用餐》的烹飪書中。薑餅的主要原料就是「薑」，吃起來味道還不錯。

後來透過一件事情，小塞繆爾得出了自己的結論。他每天都能得到一塊薑餅，因為班上有一個麵包師的女兒，她每天早晨都帶一塊薑餅到學校去。以前她總是不讓人看到她那塊薑餅。可是塞繆爾在祈禱完畢後，就見到了這塊薑餅，一伸手就可以拿到。而此時，小女孩卻正向別處張望著。

在此後的兩三天裡，小塞繆爾的祈禱雖然和鎮上別的人一樣虔誠，可是卻毫無結果。他發現，祈禱再靈驗，也不能把那塊薑餅再一次往上舉起來。於是，小塞繆爾得出一個結論：一個人如果一心想著薑餅，眼睛盯著薑餅，就不必在禱告上面花費工夫了。

但是終於有一天，母親發現小塞繆爾有些不對勁，於是就問他是怎麼一回事。小塞繆爾一邊流著淚，一邊跟母親道歉，他認識到自己只是為了得到好處才做個基督徒的，這樣做太卑鄙了。慈祥的母親把小塞繆爾抱在了懷裡，安慰著這個不懂事的孩子。

在小塞繆爾一家所住的村子裡，有一座木板搭建的教堂，地板是用短木板鋪成的，裡面放著幾張長條凳。地板之間的縫隙沒有填平，更沒有什麼地毯，所以要是掉下比桃子小的東西，很可能就會從縫隙中掉下去。

## 耍小聰明的男孩

整個教堂的地板，高出地面兩英呎，豬就可以睡在下面。冬天，地板縫裡會吹來冷颼颼的涼風。夏天，裡面則活躍著許許多多的跳蚤。

在教堂的牆上掛著錫器龕燈，裡面點著黃色的牛油蠟燭，作為教堂裡的照明。你可別小看這個教堂，牠不僅是全村最好的建築，而且還有多種用途。這裡除了做禮拜外，還用來作為教室。

在小塞繆爾看來，教堂是一個最沉悶、最沒意思的地方。可是，篤信宗教的媽媽不這麼認為，她總是督促塞繆爾去教堂裡做祈禱。為了不使媽媽傷心，他只好去教堂裡找點讓自己感到有意思的事情做。

雖然小塞繆爾總被安排在遠離窗外誘人景物的地方，但卻不妨礙他的思想自由自在地飛翔。他想他的朋友們，想著山巒和河流，想著與大自然親近的快樂時光。

塞繆爾後來從霍爾太太那個私立學校轉入了道森先生在一所木板房裡開設的學校。在這種學校裡，傳授的是《聖經》中的經文、教義，單調、沉悶、刻板，塞繆爾對此更是毫不感興趣。他嚮往著室外陽光下煥發著勃勃生機的大自然。這個長著大腦袋，一頭紅色頭髮，一雙透著機靈的灰眼睛的小男孩，人雖然坐在教室裡，但是心卻在外面的世界。

塞繆爾少年時最討厭而又最感敬畏的就是禮拜天去教堂。這對於嚮往自由的他來說，簡直就是活受罪。在去教堂之前，首先要洗漱乾淨，穿戴整齊，一路上還要規規矩矩的。然後在教堂裡端坐著，聽上一兩個小時的乏味的布道。

在牧師那充滿激情的布道聲中，塞繆爾總顯得有些心不在焉，想著有什麼好辦法可以使自己不打瞌睡。但是無論他怎麼不願意，他知道在牧師做祈禱時，一定要保持安靜。

有一次，正當牧師專心致志地做祈禱時，一隻小飛蟲落在了塞繆爾前面人的後背上。只見這隻小飛蟲的兩隻前腿一上一下互相搓來搓去，一會又伸出兩隻前腿抱著頭，好像在拉著自己的腦袋。塞繆爾有些擔心地覺得牠的腦袋和身子就要分家了，牠一會又用後腿去梳理翅膀，小飛蟲旁若無人地做著這一切，彷彿這裡是一個十分安全的地方。

塞繆爾只給了這隻小飛蟲一小會的安全時間，他慢慢地伸出手去，小飛蟲頃刻之間已經被他抓在了手心裡。這時旁邊的媽媽看見了，讓他把小飛蟲放掉。

小塞繆爾討厭去教堂，因此最好的辦法，就是盡可能地躲掉。為此媽媽時時要考察塞繆爾是否去過教堂。她會問他當天講的是《聖經》上的哪一段。於是塞繆爾就自己挑上一段，背給她聽。這招一直能蒙混過關，直到有一次他背的內容與上了教堂的鄰居說的不一樣，才徹底敗露了他的謊言。於是，小塞繆爾就採取其他辦法，以對付媽媽更加嚴格的檢查。

# 擁有純真的情誼

轉眼塞繆爾該上小學了。鄉下的小學，離塞繆爾姨夫家的農莊只有 3 公里。學校在林中一片新開的地方，能收 25 個孩子。

夏天孩子們通常一週上學兩天，趁早上天氣涼爽，沿著林中小道走去。傍晚的時候，在暮色中回家，避免了炎熱的困擾。學生們都把中午的飯放在籃子裡，有玉米餅、乳酪，還有其他一些好吃的東西。中午大家都坐在樹蔭下吃午飯，這是塞繆爾所受教育的一部分。

實質上，在佛羅里達私立鄉村小學校的學習生活，對塞繆爾來說是非常短暫的。然而，這十分單調乏味的宗教信條教育和宗教的虛偽性，卻給他留下了難以磨滅的印象。

30 多年後，馬克·吐溫在他的著名長篇小說《湯姆歷險記》裡，塑造了一個專門和學校校長、教堂牧師作對的兒童湯姆·索亞，透過這一藝術形象，表達他對否定人性、摧殘兒童身心健康的宗教教育的強烈不滿。

少兒時，塞繆爾有幾個很好的玩伴，最要好的朋友就是威爾·鮑溫，他比塞繆爾小 6 個月，塞繆爾想出的許多異想天開的玩法，都得到了威爾·鮑溫的熱烈響應。約翰·布里格斯比塞繆爾小一歲半，玩起來很具有冒險精神。湯姆·布蘭肯希普，比塞繆爾大 4 歲，是小朋友們最羨慕的人。

湯姆的母親早就去世了，父親是一個酒鬼，他賺來的錢全被

自己送進了酒館老闆的腰包裡了。因為他無法改變當時的惡習，致使家庭生活十分困窘。湯姆的父親只好帶著 8 個孩子，擠在了克萊門斯家緊鄰的一座牲口棚裡。

因為沒有錢，湯姆總是衣衫襤褸的，他沒有衣服，也沒有鞋子穿。同時他也不用上學、上教堂，可以隨心所欲地到處玩。鎮上的大人不讓孩子們跟湯姆玩，湯姆毫不理會。密林、大河，讓湯姆擁有很多的聰明機智，他會在樹林裡捉小動物，在田野裡採野果，到河邊釣魚或者下河游泳。湯姆待人很和氣，又有那麼多讓人興奮不已的本領，所以塞繆爾和朋友們都非常喜歡和他做朋友。

為了離開枯燥的學校，翹課對塞繆爾來說就是一件經常的事。有一次，塞繆爾和朋友們跑到了鎮後的霍立第山上，那上面有一塊孤懸著的巨石。他們設法掏空了巨石四周的泥土，然後一起用力將巨石推下了山崖。

巨石瞬間衝下山去，一路上發出「轟隆隆」的聲響，速度也越來越快。最後，這塊巨石一下子衝進了鎮上一家銅匠鋪裡，把店鋪砸的亂七八糟，幸好沒有傷到人，否則，塞繆爾和朋友們就闖下了大禍。

還有一次因為翹課，塞繆爾被媽媽罰去刷圍牆。圍牆有 30 公尺長，比他的頭頂還高出許多。他把刷子沾上油漆，刷了幾下，一看刷過的部分和沒刷的相比，就像一滴墨水掉在了一個球場上。於是他灰心喪氣地坐在了地上。

這時，塞繆爾的朋友桑迪提了一個水桶跑過來。塞繆爾靈機

## 擁有純真的情誼

一動，對桑迪說：「桑迪，你來幫我刷牆，我去幫你提水。」他建議說。

桑迪有點動搖了。於是塞繆爾又說：「還有你只要答應，我就把我那隻腫了的腳指頭給你看。」

桑迪禁不住誘惑，於是就好奇地看著塞繆爾解開腳上包的布。可是，最終桑迪還是提著水桶拚命地跑開了，因為塞繆爾的媽媽正在盯著呢。

隨後塞繆爾的另一個朋友羅伯特走過來，嘴裡還啃著一顆大蘋果，引得塞繆爾直流口水。突然塞繆爾十分認真地刷起牆來，每刷一下，都要打量一下粉刷的效果，就像大畫家在修改作品一般。

「我要去游泳。」羅伯特說，「不過我知道你去不了。你得工作，是吧？」

「什麼？你說這叫工作？」塞繆爾大叫了起來。「要說這叫工作，那它正合我的胃口，哪個小孩能天天刷牆玩呢？」塞繆爾邊說邊賣力地刷著，一舉一動都顯得特別的快樂。

羅伯特看得入了迷，覺得吃蘋果也不那麼有味道了。於是，羅伯特急切地說：「嘿，讓我來刷刷看。」

「我不能把事情交給別人。」塞繆爾拒絕了。

「我把蘋果核給你。」羅伯特開始懇求。

「我倒願意，不過……」塞繆爾猶豫著說。

「那我把這蘋果給你！」羅伯特更加急切地說。

小塞繆爾終於把刷子交給了羅伯特，自己則坐到陰涼處吃起蘋果來，看羅伯特為這來之不易的權利刷著牆。

一個又一個男孩子從這裡經過，高高興興地想去玩，但是他們看到羅伯特那麼用力地刷牆，他們都來了精神，個個都想留下來試一試刷牆的滋味。

　　為此，小塞繆爾收到了不少交換物：一隻獨眼的貓，一隻死老鼠，一個石頭子，還有4塊橘子皮。

　　在塞繆爾10歲那年的夏天，麻疹病在漢尼拔鎮蔓延，奪去了許多幼小的生命。膽顫心驚的母親們都把自己的孩子關在了家裡。

　　對於這種隔離，塞繆爾簡直是煩透了。他甚至想快點被傳染上，不管是吉是凶，趕快脫離這種在死亡威脅下的難挨的生活。

　　某天塞繆爾偷偷離開家，溜進了正患麻疹病的好朋友威爾‧鮑溫的家。正當他東張西望地怕被人發現時，鮑溫太太便出現在了他的面前，嚴厲地教訓了一頓他後，把他趕了出來。但塞繆爾仍未死心，他再次溜了進去，趁人不注意潛入了威爾的病房，隨後他一動不動地躺在了奄奄一息的好朋友威爾的身邊。

　　結果，塞繆爾被鮑溫太太發現了，她十分生氣地把他從床上拽了起來，然後緊緊地揪住他的衣領子，把他押送回家，交給了他的母親。可母親珍對這個狼狽不堪的不聽話的孩子，一點辦法也沒有，因為他總是這樣的調皮，讓人實在是很費心。

　　不久，塞繆爾便得了嚴重的麻疹，醫生在看過後，說他也無能為力了。在為小塞繆爾祈禱時，醫生把一袋袋發燙的灰撒在了他的胸膛上、手腕上，也撒在了他的膝蓋上。令大家感到異常驚訝的是，在這種方式的祈禱中，塞繆爾竟然奇蹟般地活過來了。這場劫難，讓塞繆爾始終記憶猶新，難以忘懷。

# 愛搞惡作劇的孩子

夏天塞繆爾最愛去的地方就是河邊。他和朋友們用自制的魚鉤釣魚，或者在河裡暢遊一番，從河底抓起一些石子瓦片或其他雜物，來比試本領。

塞繆爾並不是一個天生的游泳健將，他曾被淹過好幾次。有一天，塞繆爾在一根鬆散開的原木上玩耍，他還以為原木是綁在木排上的，然而事實並非如此。原木一歪，他就毫無防備地掉進了熊河之中。塞繆爾兩次淹進了水裡，當他露出水面後，就要第三次致命地沒入水中時，他的手露出了水面，正好讓一個路過這裡的女奴一把抓住了，並把他拖上岸來。

然而不到一個星期，塞繆爾又掉進水裡去了。剛好在這個時候，有一個學徒走了過來，他見情況緊急，於是往水中縱身一躍，就潛下水去，在河底到處摸，終於找到了塞繆爾，把他拖出了水面。把塞繆爾拖上岸後，這個學徒又把他肚子裡的水擠出來。就這樣，塞繆爾又逃過了一劫。

此後，在塞繆爾學會游泳以前，他 7 次掉進了水裡，都險些喪命，1 次在熊河，6 次在密西西比河。

但是，落水的危險經歷對於喜歡冒險的塞繆爾來說，並沒有對他產生多大的影響，但卻引起了母親的高度警惕。母親珍把河灣劃為禁區，把塞繆爾的衣服領子用針線縫好。而塞繆爾卻總有對付媽媽的辦法，他下河游過泳後，用事先預備的針線把領子重新縫好，以躲過媽媽的檢查。

有一回，塞繆爾已經接受了母親嚴格的檢查。可是，萬萬沒想到的是，一直坐在一邊看書的弟弟亨利，突然間插話說：「媽媽，您縫他領子時用的是白線吧！」

　　「白線？對啊，我用的是白線啊！可現在你領子上縫的是黑線！」如此一來，這次是真的躲不過去了，塞繆爾被媽媽當即揍了一頓，外加星期天晚上到教堂去。

　　對於比他小兩歲的弟弟亨利揭發自己所犯的失誤，小塞繆爾總想找機會報復一下。在屋外有一個扶梯通過二樓的後面，有一天，塞繆爾指派亨利做一件事，於是亨利就拿了一個鐵桶去了。塞繆爾知道他要爬這個樓梯，於是他就走上去，從裡面將門反鎖起來。

　　然後塞繆爾下樓來到園子裡。此時園子剛剛被犁過，遍地都是結實的泥土塊，塞繆爾很快收集了不少土塊。隨後他拿著這些泥土塊，埋伏在樓梯口。塞繆爾在那裡靜靜地等著，等到亨利上了樓梯，走近樓梯口，實在無法逃脫時，塞繆爾就朝他扔泥塊。

　　此時，亨利只能用鐵桶抵擋陸續飛來的土塊，可是怎麼也擋不住，因為塞繆爾打得很準。有一些泥塊還打在了屋簷上，這就使得媽媽不得不出來，看看究竟發生了什麼事。

　　為了逃脫懲罰，塞繆爾解釋說，他只是逗亨利玩的。一聽這話，媽媽和弟弟馬上都追趕他，然而塞繆爾卻能迅速地爬過高高的木板柵欄，逃之夭夭了。

　　亨利雖然是一個老實聽話的孩子，但他有時也會以其人之道還治其人之身。他會趁塞繆爾不注意的時候攻擊他，而亨利這回用的卻是石塊。

## 愛搞惡作劇的孩子

馬克·吐溫後來回憶說，在遭到「襲擊」後，他的腦袋邊上腫起一個大包來，像阿爾卑斯山上的馬特霍恩峰一樣。當塞繆爾到媽媽那裡去告亨利的狀時，媽媽卻並未對他表示絲毫的同情。

馬克·吐溫在談及這些事情時，他說：「我想，她的想法是像這種事，如果我能多遇到一些，最終會讓我改過向善的。」

亨利是一個很乖很聽話的孩子，他從來不偷糖吃，而是公開到鉢子裡去取。媽媽相信，如果她不在旁邊看著，亨利是不會拿糖吃的，但是她倒是懷疑塞繆爾會在她不在時去拿。

有一天，媽媽不在房間的時候，亨利從媽媽那珍貴的老式英國糖鉢裡拿了糖，不小心把糖鉢給打碎了。這使塞繆爾感到很高興，因為他終於找到了告亨利一狀的機會了。

等到媽媽進來時，看見打碎的鉢子，她一時間竟說不出話來。塞繆爾故意保持沉默，等待著媽媽的發問。可是她沉默了一下之後，什麼也沒說，而是用她那針箍在塞繆爾的腦袋上猛擊了一下，這讓塞繆爾從頭到腳都感到很痛。

因為受到了冤枉，塞繆爾大聲地跟媽媽辯解著，以為媽媽會因為錯怪他而感到羞愧，期待著她會有一些懊悔的表示。可是媽媽卻無動於衷地說道：「這不算什麼，反正你會做很多我讓看不到的事，這是你活該。。」

後來，馬克·吐溫把打破糖鉢的事情，詳細地寫在了《湯姆歷險記》裡。不過這件事的結尾有一點改變，就是菠莉姨媽了解到不是湯姆打破糖鉢之後，感到很內疚。馬克·吐溫也許想透過這種敘述說明，壞事不一定總是壞孩子做的。

塞繆爾不僅淘氣，而且還對許多朋友搞過近乎殘酷的惡作劇。有個叫吉姆・沃爾夫的孩子曾在塞繆爾家生活過很長的一段時間。吉姆・沃爾夫快 17 歲了，他是謝爾比維爾人，那是個小村子，離漢尼拔有八九十公里。吉姆帶來了當地人的溫柔、文雅與樸素的個性。

　　吉姆十分老實，他最害怕的就是黃蜂。有一天下午，塞繆爾發現吉姆臥室的窗上爬滿了黃蜂，於是他又生出了鬼點子。吉姆總是靠著窗戶的那邊睡，於是塞繆爾將床單掀過來，忍著叮蜇的疼痛，將黃蜂趕下來，然後用床單蓋好，隨後在床的中央劃了一道深深的界線，把牠們困在吉姆常睡的那一邊。

　　到了晚上，塞繆爾提議和吉姆一起睡，吉姆很高興地答應了。塞繆爾先上了床，弄清自己要躺下的位置，隨後趁著吉姆準備上床時，把蠟燭吹滅了。吉姆一邊上床，一邊和他閒聊了幾句，可塞繆爾什麼都無法回答，因為他正用被子堵住嘴巴，使自己不至於笑出聲來。

　　吉姆的身體突然抽動了一下，接著又是一下，吉姆捂住了嘴巴，用手摸索了幾下，然後又「哎呦」地大叫一聲。塞繆爾當然知道那是怎麼一回事，可是他盡量避免發出聲音，因為一開口就會笑出來。

　　「床上有什麼東西，快把燈點上。」吉姆急切地說。

　　塞繆爾下床把蠟燭點燃了。吉姆掀開床單，對著燭光一看，「啊？！黃蜂！」他大驚失色地叫著，一邊狠狠地將可惡的黃蜂打個稀爛。

## 愛搞惡作劇的孩子

此時，塞繆爾實在是忍不住了，在床上悶聲地笑起來。吉姆朝他看了一眼，但沒說什麼。打完黃蜂後，吉姆吹滅了蠟燭，上床睡覺，假裝沒事似的。

然而做了虧心事的塞繆爾卻怎麼也睡不著，也不知過了多久，他終於進入了夢鄉。可是到了半夜，塞繆爾突然感到身上有什麼東西壓著，他被弄醒了。睜開眼一看，原來吉姆正用力抵住他的胸口，大力揍他。

塞繆爾再也忍不住了，他放聲地大笑起來。但是笑的同時，他也必須承受痛打後的渾身疼痛。

當然，塞繆爾年少時搞得惡作劇有很多。在他的記憶中，他講幽默故事的第一位聽眾是吉米，講的是關於吉姆·沃爾夫和貓的故事。

吉姆長得有些柔弱，為人可靠、誠實，又有些羞。在女性面前，他總是顯得有些局促不安。即使在塞繆爾的善良的媽媽面前也是如此，更別提跟女孩子們說話了。

在一個冬天的晚上，塞繆爾的姐姐帕梅拉舉行一個青年男女參加的糖果會。塞繆爾和吉姆沒有參加這個聚會，而是早早地上床睡覺了。吉姆房間的屋頂上的積雪已經有 20 公分深了，雪凍起來，就像玻璃一樣光滑。

在屋簷下，愛鬧愛玩的年輕男女把裝有飲料和滾燙的糖食的托盤放在冰凍的地上降溫，大家在一起說說笑笑的，好不熱鬧。

屋脊上是貓咪們經常聚集的場所。這時，一隻老貓爬到了煙囪上，不停地叫了起來，讓塞繆爾實在睡不著，於是就來到了吉

姆的房間。吉姆此時也沒有睡著，正在為討厭的貓叫聲而生悶氣呢。

一看吉姆的情形，塞繆爾的頭腦中又產生了一個鬼主意。他以嘲笑的口吻問吉姆：「你為什麼不爬出去把貓趕走呢。」

一聽到這句，本來已經心煩的吉姆就真的發脾氣了。他一把抓住塞繆爾的棉線襪子，動手把窗子推上去，怒氣衝衝但又有些聲音顫抖地說道：「你以為我不能！請你看看你在責怪什麼，我才不在乎你怎麼想呢。我現在就給你點顏色瞧瞧！」

可是窗戶一直往下掉，這下吉姆更生氣了。於是塞繆爾說：「沒關係，我幫你托住好了。」其實，塞繆爾只是一心想看吉姆的好戲。只見吉姆小心翼翼地爬了出去，貼著窗口，站穩了腳，然後沿著光滑的屋脊，小心謹慎地爬著往前走。那些可惡的貓，正在煙囪上直直地坐著，時不時打量著這個男孩子，但卻絲毫沒有準備逃跑的意思。

此時正在葡萄頂棚下玩耍的年輕人對屋頂上所發生的事情並不知曉。再看屋頂上的吉姆，他每前進一步，就要滑倒一下。但是，他依然堅持著往前爬。最後，他終於能碰到這些討厭的貓了。吉姆稍微休息了一下，然後小心地站起來，隨即朝那些靠得很近的貓一抓。結果貓輕巧地躲開了，沒有被抓住。

但由於吉姆用力過猛，身體瞬間失去了平衡。只見他四腳朝天地「刷」的一下從屋頂往下衝，然後衝過枯藤，最終掉進了那14個盛著滾燙糖食的托盤裡。

此時，正在說說笑笑的年輕人，被這從天而降的物體嚇了一

## 愛搞惡作劇的孩子

大跳，一時間混亂起來，只聽見女孩們一聲聲的尖叫。嚇得不輕的吉姆趕忙爬起來，衝上了樓梯，只見糖水還在不時地從他的身上滴落下來。

第二天早晨，塞繆爾就迫不及待地把這段趣聞講給朋友吉米‧麥克丹尼爾，吉米聽後，笑得後仰前合。塞繆爾以前從來沒有這麼得意過。

長大後的塞繆爾寫了許多有趣的小說，講了許多幽默的故事，人們聽後，總會情不自禁地發出笑聲。

多年以後，《星期日信使》週刊邀請已成名的馬克‧吐溫寫些文章，於是他就寫了《吉姆‧沃爾夫和貓的故事》，他因此還賺到了錢。

但是讓人沒想到的是，一兩年後，《吉姆‧沃爾夫和貓》被人改頭換面，在田納西的一家報紙上發表了。故事是假托以南部土話寫的，剽竊者此時在西部還享有盛名。

誰知幾年過去了，馬克‧吐溫寫的原來的故事又突然出現了，以原來的拼音到處流行，上面有「馬克‧吐溫」的名字。隨後，先是一家報紙，後來又有另一家報紙竭力攻擊馬克‧吐溫，說他從田納西那個人那裡剽竊了《吉姆‧沃爾夫和貓》。

馬克‧吐溫遭到一頓莫名其妙的痛罵，但是他根本就不在乎，因為此時的馬克‧吐溫已經明白了一個道理：遭到誹謗，還大事張揚，那是不聰明的，除非張揚起來能得到很大的好處。

少年時代的塞繆爾，經常鬧些惡作劇，他有時也真心為自己的惡習祈禱過，想徹底地悔改，但不知為什麼，他又總是回到頑皮的秉性上去。

小時候的馬克‧吐溫，並不懂得惡作劇不僅是極其愚蠢的，而且也是不光彩的，他只知道鬧著玩。

　　馬克‧吐溫在晚年時，回憶起他童年時代搞的這些惡作劇，他說道：

　　在人一生的 3/4 的時間裡，我一直對惡作劇者無比蔑視與厭惡。
　　我瞧不起他，就像我瞧不起別的罪犯一樣。
　　每當我對惡作劇者作評論的時候，一想到我自己曾是個惡作劇者，我的痛苦似乎非但沒有減少，反而更增加了。

　　從這段話中，可以看出，馬克‧吐溫對自己少年時代搞得這些惡作劇是懷有歉疚之情的。他也會為自己的惡作劇給人們帶來的損害而感到後悔不已。但是誰又不是在淘氣頑皮中逐漸長大的呢？就像現在人們常常提到的，如果不是聰明的人，是不會淘氣，也不會搞惡作劇的。每個喜歡搞惡作劇的孩子，他們的腦袋絕對不是簡單的東西。越是淘氣，將來越會取得更大的成就。馬克‧吐溫就是這樣的孩子。

# 在農莊的快樂生活

　　在佛羅里達附近，有一處塞繆爾的姨丈約翰·誇爾斯的農莊，這是一個令塞繆爾終生難以忘懷的地方。那時候，塞繆爾每年都要在農莊裡待上幾個月。農莊不僅永駐在他的腦海裡，而且還留在了他的許多作品中。

　　塞繆爾兒時希望親近大自然的願望，在姨夫家的農莊裡得到了充分的滿足。那是一個環境幽美、風景秀麗的莊園，濃郁的果林把透迤的小丘裝扮得蔥蘢蒼翠，蜿蜒的小溪在碎石嶙峋的河床上潺潺地流淌，樹林深處還不時地傳來悅耳的鳥鳴聲，草叢之中常有野生動物跳來跳去……

　　每到夏天，塞繆爾就興高采烈地跑到農莊裡，與白人朋友和黑人孩子一起游泳，捕捉響尾蛇，採集野果。

　　馬克·吐溫曾滿含深情地回憶起在農莊生活的日子。夏天在屋外陰涼的地板上吃著豐盛的食物，有炸雞、烤豬肉、野火雞、家養火雞、鴨子、鵝，還有現宰的鹿肉、松鼠、兔子、野雞。

　　此外，還有熱的奶油醬餅乾、蕎麥餅乾、小麥麵包、麵包捲、玉米麵粉包、煮的鮮嫩玉米。還有園子裡現摘的西瓜、甜瓜、香瓜。

　　食品真是豐富極了，都不知該從何處下口，讓人口水直流。

　　對於挑選西瓜這個問題，塞繆爾的經驗十分豐富，他知道最好的西瓜在瓜藤的下面，在太陽底下西瓜將曝曬成什麼瓜色。他

甚至不用敲打一番，就知道西瓜是不是熟透了。

　　摘下來的西瓜放在盛滿水的盆裡冰一冰，盆子就放在床底下。桌子擺在正屋和廚房之間的走廊上，把西瓜放在桌子上，塞繆爾和堂兄弟們就圍著桌子，盯著西瓜，心裡都在盤算著吃上一大塊。只見一刀下去，「啪」的一聲，西瓜被分成兩半，紅肉黑籽，色彩鮮明，甜甜的汁水欲滴。隨即，每個人迅速地抓起一塊西瓜，埋頭吃了起來。只見每個孩子的嘴裡都塞滿了西瓜，眼睛裡流露出無盡的快樂與滿足。

　　姨丈家的農舍位於大農場的中心。農場三面用柵欄圍起來，後邊有高高的籬笆。正對面是儲藏燻肉的屋子。圍籬的外邊就是果園，只要你想吃，順手摘下來，擦一擦，然後咬一口，果實的鮮美就會浸入脾胃，那真是一種美妙的享受。在果園外，則是黑人的住處和種菸草的地。

　　在農場的正前方有一個柵欄，是用鋸斷了的原木攔起來的，原木一根比一根高。在農場前面的一個角落裡，栽著 10 多棵高高的胡桃樹。每當收獲的時節，枝頭上總是掛滿了鮮美的果實。

　　塞繆爾很喜歡吃胡桃。有一年，在一個有霜的早晨，塞繆爾又來到樹林裡找胡桃吃。此時從農莊裡跑來幾頭小豬，牠們嘎嘎叫著跑進樹林，在胡桃樹下拱來拱去，大口嚼著胡桃。

　　塞繆爾一看，這可不行，再這樣下去，自己就沒有胡桃吃了。於是他盯著地上，心急地找著胡桃。忽然一陣風吹過來，胡桃落在了他的頭上，滑落下來，他立刻撿起來，擦了擦，隨即就迫不及待地放入口中，貪婪地吃起來。

## 在農莊的快樂生活

對於吃胡桃，小塞繆爾還有一套技巧，把胡桃放在熨斗上，用錘子敲打，可以讓胡桃肉保持完整，這套技巧讓堂兄弟們感到羨慕至極。

在樹木繁茂的山坡下有一些倉庫，再過去就是一條清澈的小溪，清澈見底的河床上躺著細石和水草，水中倒映著兩岸濃密的樹木和葡萄藤，河水在其間歡笑著蜿蜒流去。這是塞繆爾和姨媽家的 8 個孩子戲水玩耍的好地方。

在農莊正屋前面的柵欄外，是一條鄉間大路，沿著有蛇在曬太陽的大路往前，是一片還未長成的叢林。一路微微昏暗的小道，有 400 公尺長，穿過那裡，走出小徑，便突然出現一片大草原，野草叢生，還星星點點地長著大草原石竹，四周都給樹木圍住了。

在野花盛開的時節，一清早空氣特別清新，孩子們便去那裡，只見草上的露珠還在閃閃發光，樹林深處傳來啄木鳥啄木的聲響，還有野雞低沉的叫聲。偶爾也會有野獸像是受驚了似的，在草叢間一閃而過。

置身於美麗的大自然之中，都會讓人覺得自己生活在童話般美妙的世界裡。清新的自然，給塞繆爾留下了美好的記憶，激發了他的創作靈感，給他後來的創作提供了大量的寫作素材。

馬克‧吐溫在他的兩部長篇小說中，都包含著對快樂童年生活的留戀之情。無論是在《湯姆歷險記》裡，還是在《哈克歷險記》中，讀者都可以感受到馬克‧吐溫童年生活中的迷人的大自然，還有許多童年時代的趣事。

在姨丈家的農莊，塞繆爾和姨媽姨丈的幾個孩子很喜歡在林

中嬉戲。他們也喜歡在林坡上玩鞦韆。鞦韆是用從小胡桃樹上剝下來的樹皮做成的。樹皮一乾，便會有斷裂的危險。孩子們若如果盪到 12 公尺高，樹皮往往就要斷裂。很多孩子會從斷裂的地方掉下來，很多人都會因為這樣危險的遊戲而摔斷手腳，因此，每年需要接骨的孩子們都不在少數，可是他們依然樂此不疲地玩著那種極其危險的遊戲。。

塞繆爾的幾個堂兄弟姐妹竟然沒有一個能逃過此劫，前前後後，8 個孩子骨頭傷了大約 14 次。而最頑皮的塞繆爾運氣倒還不錯，至少他還沒有因為盪鞦韆而摔斷骨頭的不良紀錄。

姨丈的農莊還是一個打獵的好地方。每當鴿子成百萬隻地飛到樹林裡，只見樹林裡黑壓壓的一片。因為鴿子實在是太多了，有時候會把枝條給壓斷了。很多鴿子就會猛然間從樹上掉下來，在那些鴿子掉下來的瞬間，牠們是絲毫沒有準備的，因此在鴿子瞬間的遲鈍狀態下，很多農戶用棍子打就可以把鴿子抓住，他們也因此就會收獲很多的「戰利品」。

農莊裡還經常追捕松鼠、松雞、野火雞。早晨，天還陰沉沉的時候，姨丈他們就出發了。此時天還非常的寒冷陰暗，在這樣的情況下，獵人們更容易掩飾自己，提高狩獵成功的機會。但這對於塞繆爾來說卻並不是狩獵的好時候。因為小孩子有時候會天還未亮就賴床起不來，因此塞繆爾失去了好多次和大人們一起去狩獵的機會。這讓塞繆爾心裡一直很後悔。

在遠征中，一陣號角聲，就會招來一群狗。一聲令下之後，只見這些狗很快地消失在林子裡，人們便一聲不響地跟在牠們的後面。很快，林子裡就會傳來一陣陣的狗叫聲，這意味著獵狗們

## 在農莊的快樂生活

一定是抓到獵物了，牠們的吠叫，就是在提醒主人趕快過來，給牠們邀功請賞。聽見獵狗們呼喚主人的叫聲之後，這些獵狗的主人們就趕緊擁上去，捕獲戰利品。

不久，黎明來臨了，小鳥愉快地唱起歌來，太陽升起，只見露珠在草尖上滾動，閃著亮光，一片生機盎然的景象。精疲力竭的人們回來時，滿載著獵物，而肚子此時也唱起了歌，該是吃早餐的時候了。塞繆爾還喜歡捕獵的遊戲。在光線昏暗的樹林中長途遠行。一隻經過訓練的狗大老遠叫起來，向人們昭示獵物已經被趕上了樹。這時，大家便都興奮起來，接著衝過荊棘和樹叢，爭先恐後地跌跌撞撞地趕到現場。然後點燃起火來，把樹倒下來。這時，無論是狗，還是黑人，都欣喜若狂，紅紅的火光映出了一片奇異的景象，每個人都玩得興高采烈，除了那位扮演獵物的黑人。到了冬天，農莊臥室裡更是充溢著其樂融融的氣氛。馬克・吐溫這樣寫道：

> 那間臥室，角落裡那張矮輪臥床，另一個角落裡那張紡車，紡輪上下轉動，發出「嗚嗚」的聲音，我在旁邊聽起來，這彷彿是最哀傷的曲子，觸動了人想家的念頭，精神為之沮喪，彷彿幽靈在我四周飄蕩。
>
> 那個大火爐，在冬夜裡，胡桃木塊堆得好高，熊熊燃燒，木塊裡滲出甜甜的汁液，咚咚地發著響聲。這汁液沒有給糟蹋掉，我們刮下來，吃掉了。那隻懶貓躲在爐邊，幾隻打盹的狗，靠著爐壁，叉開了腿，眨著眼睛。
>
> 我姨媽在爐邊織著東西，我姨丈在另一邊抽著玉米軸菸斗。滑溜溜的沒放地毯的橡木地板，朦朧地映出了閃動著的火焰。有些木

炭噼噼啪啪迸出火星！在地板上慢慢熄滅了！把地板烙出一個個凹下去的黑斑。六七個小孩子就在半明半暗處嬉戲。

塞繆爾愛到姨媽家玩的另一個原因就是，他可以聽黑人丹尼爾叔叔講生動有趣的故事。約翰姨丈有 20 名黑奴。他不認為農奴制有什麼不對，所以他欣賞使用黑奴的制度。不過他和其他的奴隸主不同，他很善良，他也從不虐待黑奴。似乎黑奴們就是他工作上的夥伴而不是像畜生一樣的奴隸。他總是笑瞇瞇地對待他的黑奴們，就像他永遠和氣、幽默地對待自己的孩子們一樣。

家裡的孩子們經常去黑奴們住的小木屋，找他們的好朋友丹尼爾叔叔。丹尼爾叔叔富有同情心，為人誠實、單純，待孩子們非常好。他善於講一些古老的故事，裡面有魔鬼、女巫、殭屍等令人恐怖的東西在其中。

孩子們聽起來真是津津有味。丹尼爾叔叔講過一個《金手臂的故事》，裡面有一個驚心動魄的高潮。「我的金手臂在 —— 哪 —— 裡？」丹尼爾叔叔每講到那個地方，總要用悲傷的聲調問。

「我的金手臂在 —— 哪 —— 裡？」他更加哀傷地大聲問道，一邊用眼睛掃視身邊的這些孩子們。

「在你那裡！」丹尼爾叔叔會大叫一聲，冷不丁抓住孩子們中的一個。大家都嚇得失聲尖叫起來。孩子們知道這在是鬧著玩的遊戲，但每次丹尼爾叔叔講到這裡時，還是會使他們感到很驚悚。

馬克・吐溫一生熱愛黑人，就是從這個時候開始的。自從認識了丹尼爾叔叔，他就覺得，黑人其實是天生具有幽默感的種族。這是值得每一個人學習的。在姨丈的農莊，塞繆爾養成了對黑人種族的喜愛之情，並且欣賞他們身上具有的優良性情。

喜歡的朋友和老師

# 喜歡的朋友和老師

　　父親病逝時，塞繆爾僅有 12 歲。此間他已經親眼見過太多死亡的恐怖場面，經歷了 3 次至親的喪事。

　　4 歲時，他見過姐姐瑪格麗特躺在棺材中的模樣。7 歲時，他傷心地看著哥哥班傑明的屍體。而父親臨死前微聲召喚姐姐帕梅拉，並親切吻她的場面，這是塞繆爾見過的父親唯一一次親吻家人。這一切，都讓小塞繆爾悲傷不已，他在這些痛苦中似乎長大了一些。

　　那時候，哥哥奧利安已經在聖路易斯一家印刷廠裡當排字工人。父親死時，他回來奔喪，隨後便又趕了回去，有近三年時間沒回過漢尼拔。奧利安在那裡辛苦地工作，賺得一份薪水，來養活媽媽和幾個弟妹。姐姐帕梅拉在鎮上教幾個孩子學鋼琴，賺來一點學費補貼家用。

　　父親剛去世時，塞繆爾還繼續在學校上學。他對死記硬背的教學方法十分厭惡，也不喜歡老師們沒完沒了布道似的講大道理。他對同學中有著「特異功能」的人羨慕不已。

　　阿奇・富卡有個本領，每到夏天便大展其能。夏天小學生們都是赤著腳走路，富卡的奇特本領就在這個時候顯露出來了。他能讓大腳指頭折疊起來，然後猛然放開，30 公尺外就可以聽到彈大腳指頭的聲音。

　　而同學西奧多・埃迪，能像馬那樣轉動自己的耳朵。兩個人可謂各有特色。一個因有聲音而叫絕，但冬天穿上鞋子就不行

了；另一個沒有聲響，但四季都可以讓人欣賞這個絕活。

　　塞繆爾還有一個朋友叫喬治·羅巴茲，他也有讓塞繆爾羨慕的地方。喬治長得細高，臉色蒼白，他勤奮好學，老是專心致志地看書。他長長的黑髮一直垂到下巴，彷彿臉部兩側掛著黑簾。喬治經常習慣性地將頭一甩，一側的頭髮一下地就甩到腦後去了。

　　在當時，男孩子頭髮那麼軟，能夠頭一側便甩到後面去，在塞繆爾看來，那可真是一件十分了不起的事。因為他們中間沒有哪一個人的頭髮，能像喬治的頭髮那樣瀟灑。

　　塞繆爾覺得自己的頭髮簡直糟糕透了，又短又卷，亂七八糟的，他的弟弟亨利也是這樣。於是他們想盡辦法，把卷髮拉直，才可以隨意甩動，可是從來就沒有一次成功過。有時他們把腦袋泡在水裡，然後梳啊，刷啊，把頭髮梳得平平的，這使他們欣慰了一會。不過只要頭一甩，頭髮就又恢復了原樣，讓人感到好不氣餒。

　　塞繆爾成人後，有人問他：「要是你現在的年紀禿頭的話，就不會看起來這麼年輕。你是用什麼方法，把你那亂蓬蓬的頭髮保護下來的呢？是怎麼讓它不掉下來的呢？」

　　塞繆爾告訴他們，據他看來，他的頭髮之所以至今還沒有掉，那是因為他保持得乾淨。每天早上，他用肥皂水徹底洗一遍，再沖洗乾淨，然後用肥皂沫塗得厚厚的，再用一塊粗毛巾把肥皂沫擦掉。這麼一來，每根頭髮上都薄薄地塗了一層油，是肥皂上的油，又沖洗，又上油，這樣的步驟會讓變頭髮滑順，一整天舒舒服服的，不扁塌。不過，這是塞繆爾成年後才創造出的方法。

## 喜歡的朋友和老師

童年朋友的「特異功能」給塞繆爾留下了極其深刻的印象，只要一想起他們，塞繆爾就會很快地沉浸在美好的回憶之中。

在漢尼拔，小塞繆爾不僅有許多要好的朋友，而且還有他非常喜歡的里奇蒙老師。里奇蒙老師有一個特點，讓塞繆爾實在是羨慕了好長一段時間。

有一次，里奇蒙老師不小心用錘子砸傷了自己的大拇指，致使指甲歪曲變形了，就像鸚鵡的嘴一樣。其實這並沒什麼可稀奇的，但是在塞繆爾看來，這是一個更好的裝飾，因為這在全鎮是獨一無二的。

里奇蒙是一位十分和藹的老師，對人很有耐心，富有同情心，因而深受同學們的歡迎。在學校裡，備有紙板做成的細長形的藍色票卡，類似這種有顏色的票卡，馬克·吐溫在《湯姆歷險記》中描寫過。

不過學校裡的這種票卡上印有《聖經》上的一首詩，如果你能背出兩首詩，就能得到一張藍色的票卡。能背 5 首詩，就能得到 3 張票卡。然後可用這些發票到書攤上去借書，一個星期可以借一本書。

塞繆爾雖然對《聖經》不感興趣，但是他很想讀書，因為書能擴大他的視野和認識世界。在兩三年的學校生活中，里蒙奇老師從沒有對塞繆爾表現過粗暴的行為。

每逢星期天，塞繆爾總是背同樣的 5 首詩。幾個月來，里奇蒙老師每個星期天聽到的，總是那 5 首童貞女的詩。而里奇蒙對此卻總是感到很滿意，他似乎從來沒有注意到這個問題，或者根

本就不願意注意到。最終，塞繆爾總是能拿到票卡，然後高高興興地去換一本書，好好地看一看。

可是，小書攤上的書讓塞繆爾既感到高興，又覺得不是很滿意，因為這些都是一些枯燥乏味的、內容十分沉悶的書，書中都是一些好女孩、好男孩。可是塞繆爾覺得，在他的周圍，包括他自己，都是非常淘氣的孩子。

塞繆爾很想讀到自己認為好的書。有一次，塞繆爾向鄰居借閱了一本書，鄰居對他說：「當然可以，但我定了一條規則：從我的圖書室借去的圖書必須當場閱讀。」

一個星期後，這位鄰居向塞繆爾家借用割草機，馬克·吐溫笑著對他說：「當然可以，毫無問題。不過我定了一條規則：從我家裡借去的割草機，只能在我的草地上使用。」這個鄰居站在那裡，一時間啞口無言了。

# 勇敢面對挑戰

　　在馬克・吐溫的記憶中，有一件事一直內疚在心。他曾經欺騙過一次善良的母親，儘管長大以後他向母親坦承錯誤，但是母親一直到死，都認為兒子的謊言是不可動搖的真理。

　　那還是在馬克・吐溫十四五歲的時候，鎮上來了一位魔術師表演催眠術。當馬克・吐溫看到臺上那些被催眠者表現出的種種滑稽的糗樣，讓人禁不住哈哈大笑時，他的心裡真是羨慕極了。此時的他最想做的就是成為一名被催眠者。

　　用馬克・吐溫自己的話說：「只要能當眾露一手，出出風頭，什麼痛苦都能忍受，什麼苦都不怕。」在這種「勇敢」精神的促進下，馬克・吐溫變得無知而且無畏了。這也讓他實在是吃了不少苦頭。

　　為了表明自己已被催眠成功，塞繆爾竟然忍受住了用針灸肉的疼痛。塞繆爾是一個愛逞強的孩子，為了維護自己的「名譽」，面對針灸，卻表現出毫不退縮的英雄氣概，而他的心裡其實在流淚。

　　這些到臺上來的人，用針灸塞繆爾的手臂，一直刺到了1／3，塞繆爾卻表現出沒有任何的反應。於是，觀眾們便驚嘆魔術師僅憑意志的力量，竟能使塞繆爾的手臂變成鐵一般的全無痛感，真是了不起。而事實上，小塞繆爾卻痛得已無法承受了，但是為了自己的名譽，他咬牙堅持著。

在第四個夜晚，塞繆爾成了唯一的被催眠者。當然，鎮上也有些人不相信，特別是年老的皮克博士。

　　大約在三四年前的一個偶然的機會，塞繆爾曾聽到皮克博士談起里士滿劇場幾十年前發生的失火燒燬的情景。當時，博士說的每個細節都銘記在塞繆爾的腦海裡，而當時沒有人注意到他的存在。

　　在一個表演催眠術的夜晚，塞繆爾正想著發明些什麼新鮮的幻影，這時皮克博士進來了。塞繆爾一下子就回想起三四年前的那次談話。因此皮克博士在無意間成了塞繆爾的同夥，為他的謊言助威。

　　塞繆爾假裝看到了幻影，開始不大清晰，後來越來越清晰，那就是里士滿的大火。他看到了濃煙滾滾，直上雲霄；他看到了火焰往上躥，化成紅色；他聽到了絕望的慘叫，他透過煙幕看見了窗口一張張面孔；他看見他們墜入死亡。

　　起先皮克先生的臉上還有些嘲弄的神情，可是當塞繆爾準確地說出那場大火的經過時，他大感驚異，眼睛變得發亮了。

　　當表演結束，皮克先生禁不住站了起來，他興奮地說：「我的懷疑一掃而空了。串通製造不了這樣的奇蹟，他根本不知道這些細節。可是他描述的好像親眼見到的一樣，而且無懈可擊。而這些情況只有我清楚。」

　　當催眠術師訂的合約結束時，只有一個人不相信催眠術，那就是塞繆爾。他的聰明和機智不僅騙過了魔術師，而且還使自己的母親對催眠術深信不疑，她始終認為兒子是非常了不起的。

## 勇敢面對挑戰

塞繆爾的表演給魔術師帶來了豐厚的收入，當然也使他自己成為了一個了不起的「魔術英雄」。他終於出盡了風頭，鎮上都知道塞繆爾是個神奇的能被催眠的小孩。大家見到他都嘖嘖稱奇。這一時間讓他心裡有了很了不起的自豪感。

然而，沒過多長時間，塞繆爾就對自己的勝利感到厭倦了。不到一個月，他就完全厭倦了。此時塞繆爾才深刻地體會到，靠撒謊得來的光榮，成為了一個很不愉快的負擔。

正如馬克‧吐溫所感受到的，讓人上當受騙是多麼不容易，而要糾正過來卻更難！儘管多年以後，馬克‧吐溫在看望母親時，以極其複雜和內疚的心情向母親承認了自己年少時的錯誤，但是慈祥的老人只是笑笑，因為她無論如何也不相信兒子的惡作劇。

她只是平靜地告訴兒子，那個時候，母親比兒子知道得更清楚。任憑馬克‧吐溫怎樣解釋，甚至對上帝發誓，母愛仍使她深信兒子沒有欺騙自己，她認為自己的兒子就是那麼神奇的孩子，一直到她去世。

珍‧克萊門斯夫人不僅生下了馬克‧吐溫，給予他生命，而且饋贈給他一輩子享用不盡的仁愛、寬容、勇敢，以及智慧、幽默感和善於講故事的才能。

# 吸取民間幽默文學

　　在漢巴尼爾小鎮，塞繆爾第一次看到了黑人表演，就被深深吸引住了，並樂此不疲。

　　對於藝人團到鎮上來，塞繆爾的媽媽珍永遠有著和她實際年齡不相符合的熱情。她熱愛遊行，喜歡集會，喜好講座，參加野營，以及教會的活動。塞繆爾繼承了媽媽愛熱鬧、積極參與的秉性。

　　藝人團的表演者出場時，手和臉都像煤一樣黑，表演者們穿的衣服是當時大莊園黑奴穿的那種花枝招展的極端滑稽的裝束。衣服的式樣和顏色都非常誇張。

　　當時流行高領子。表演者們出場的時候，高領子遮住了半個頭，又老遠地突出來，讓人根本無法往旁邊看一眼。大衣有的是用印花布做的，燕尾都快垂到腳後跟了，扣子像黑鞋油盒子一般大。他們穿的鞋子粗陋不堪，且看上去很笨重，去讓人覺得十分可笑。

　　藝人團表演者表演時，用了很多黑人的土話，說得不但流利，而且可笑。但是，在藝人團中，有一個人穿得並不是很別緻，也不說黑人的土話。他穿的是白人紳士穿的那種完美的晚禮服，講的語言是賣弄的、彬彬有禮的、裝腔作勢的，故意咬文嚼字。因此鄉下人都信以為真，以為這就是城裡人、上流社會說的話。

## 吸取民間幽默文學

在舞台上，一頭坐著「博恩斯」，另一頭坐著「班喬」，中間坐著一位文雅的紳士，與「班喬」、「博恩斯」形成了鮮明的對比，「班喬」和「博恩斯」是主要的丑角。他們充分利用化妝和奇裝異服搞噱頭，嘴唇用鮮紅的顏色塗得又厚又長，看起來就像一片熟透的西瓜，很是搞笑。

舞台上沒有幕布。觀眾等待的時候，只見腳燈後邊一排空椅子，此外什麼都沒有。然後，藝人團的表演者一個個地走出來，每人手裡拿著一件樂器。

在觀眾的歡呼聲中，坐在中間的那位貴人講起了開場白，他說：「先生們，前一次有幸見到諸位，這次故地重遊，見到諸位身體非常健康，諸事順利，非常高興。」

「博恩斯」便作答，並講了些他本人最近交的好運。可是話還沒有講完，就給「班喬」給打斷了，「班喬」對他的說法有點異議，於是兩個人開始互相攻擊，爭吵起來，最後兩個人竟至站起來揮動拳頭。

此時，中間人當然要勸導一番，但卻不見效，吵架總得吵上5分鐘，完全是黑人之間通常爭吵的模樣，表演得唯妙唯肖，引起場下觀眾不斷地哄笑，場面十分熱鬧。

後來，兩個鼻尖對鼻尖的人互相恫嚇，又逐漸後退，一邊大聲恐嚇，若是「下次」遇見，狹路相逢絕不客氣等。接著便各自在椅子上坐下來，隔著座位還要咆哮一陣，一直到場內的一片狂笑過後，才告一段落。

這時，坐在中間位子上的那位貴人，便要說句話，弦外之音是向尾端那個座位的人暗示一下，讓他講一個他經歷過的趣事。

這些故事總是很陳舊，但卻是當時的觀眾最愛聽的。其中一個就是由「博恩斯」講到，他有一次怎樣在海上遇到風暴，狂風不停地吹，船上的儲備已經用光了。中間的那位紳士，總是急忙詢問船上的人是怎樣活下去的。

於是，霍恩斯回答說：「我們靠蛋活命。」

「你們靠蛋活命！蛋從哪裡來？」紳士問。

「每天，風暴一猛烈，船長就下兩個。」霍恩斯回答。

這個笑話總能博得觀眾的哄堂大笑。

藝人團的表演者嗓音甜美洪亮，開頭唱一些粗俗的、滑稽的歌，如《布法羅姑娘》、《埃普頓賽馬》、《老傢伙丹·塔克》等。過一會，就開始唱抒情歌曲，如《憂鬱的裘尼阿達》、《吶利·布萊》、《海上的生活》、《左舷值班》、《甜蜜的埃倫·貝恩》等。動人的旋律、幽默樂觀的歌詞，從此長時間地迴盪在塞繆爾的腦海裡。

馬克·吐溫開始從事文學創作，就是從美國西部民間口頭幽默文學中，汲取了豐富的養分。他常常把自己童年時代的歡樂與悲哀，在他的作品中充分展現出來，具有濃郁的民間生活情趣，筆調輕鬆幽默，極度誇張，又有嘲諷的意味，讓人讀起來不禁開懷而笑。

馬克·吐溫常在作品中運用方言俚語，一部作品會包括幾種方言。馬克·吐溫之所以能成為出色的幽默諷刺大師，與少年時代所經歷的歡樂與悲哀，以及觀看黑人藝人團的表演有著深刻的關係與淵源。

# 腦海的痛苦記憶

童年時期，在馬克·吐溫心目中留下了太多的喜悅，他可以憑藉自己豐富的想像力和極大的熱情，吸取周圍生活中一切美好的東西。然而在馬克·吐溫的童年時代，也經歷了一場場的噩夢，血腥、暴力、死亡，在他幼小的心靈裡留下了深深的烙印。

母親珍·克萊門斯是一個虔誠的長老會教徒，她相信有個冷酷的上帝。她的某些觀念，也在不經意間傳給了塞繆爾。

塞繆爾上小學時，學校裡的老師以及講道的牧師，也都把相應的觀念灌輸給他。他模糊地相信，天上有個人在盯著他，讓他經受許多血腥的事件和痛苦，促使他悔改。而他也在每一次悲劇發生之後，在充滿死亡陰影的夜晚，真心地進行祈禱。

在漢尼拔這一帶的奴隸制度，是一種溫和的家事工作的奴隸制度，與殘暴的種植園奴隸不同。虐待的事情很少見，但是同樣不得人心。

在塞繆爾上小學的時候，並不憎惡奴隸制，也並不懷疑它有什麼不好。當地教堂也向人們宣傳說，上帝贊成這個制度。然而，有目共睹的對黑奴的殘害，也喚醒了許多有良知的人們的同情心。

在漢尼拔，也有奴隸拍賣的事情。有一次，塞繆爾擠進人群，看到的是 10 多個黑人，被一條大粗鐵鏈拴在一起，躺在水泥地上，等著被運往南部奴隸市場去賣。

有的黑奴緊閉雙眼，內心充滿了恐懼；有的黑奴在哭泣，眼裡流露出無盡的哀傷；有的已有些麻木了，一副在苦難中逆來順受的樣子。塞繆爾看見這些悲慘的臉，在腦海中始終難以忘懷。

　　幼小的塞繆爾親眼目睹了幾次血淋淋的悲劇。有一次，塞繆爾在碼頭邊看到，一個黑奴因小事觸犯了一個白人，只見那個白人拿起鐵餅，殘忍地砸向這個黑人，嘴裡還叫囂著：「打死你這個黑鬼！打死你這個黑鬼！」頓時，那個黑人被打得皮開肉綻，身上淌著鮮紅的血。黑人在不斷地求饒，而那個白人卻更是猛砸猛踢，漸漸的，求饒的聲音越來越弱，後來就再也沒有任何聲息了。

　　「那個黑奴死了！」塞繆爾不禁這樣想著。然而令人不可思議的是，旁觀的人誰也沒對這個黑人表示同情，相反，卻都惋惜奴隸的主人遭受的損失。

　　當時人們普遍認為，奴隸制度會使生活在奴隸制度下的人變得冷酷無情。馬克‧吐溫由於在童年時代就和黑人朋友相處，母親又一直十分體恤黑人的疾苦，所以在他的意識裡，他從未鄙視過黑奴。相反，他十分同情黑人，並為改變他們的地位而高聲吶喊。

　　此外，在年少的塞繆爾的記憶中，還有一個年輕的加利福尼亞州移民被喝醉了的同夥用獵刀刺進了胸部，他親眼看到了那汩汩的鮮血從傷者的胸中流了出來。這件事在少年馬克‧吐溫的心靈上激起了很大的震動。

　　在 1840 年代，美國西部市鎮上擦槍走火的事情時常發生。那時鎮上有個斯麥爾大叔，他是個老老實實的人，對誰都不構成

## 腦海的痛苦記憶

危害，只是對當地一些臭名昭著的投機客和財主畢爾‧奧斯萊公開表示過不滿。

有一天斯麥爾在街上碰到了奧斯萊，對方抽出一支手槍，在幾步遠的地方對著他當胸一槍。斯麥爾中彈後，搖晃著倒下了，鮮血從傷口處汩汩地往外流，氣息奄奄。他們還把一大本古老的聖經放在這位快死的老人的胸口上，壓得他喘不過氣來，使他在痛苦中送了命。

這件事發生時，塞繆爾就在不遠處看著呢。兇手奧斯萊在被監禁後，花了很多錢買通了法官，隨後就被無罪釋放了。過不多久，小鎮上輿論的壓力頻頻襲來，他因在鎮上實在混不下去了，就匆忙地搬走了。

此後9歲的塞繆爾一直忘不了這個殺人的場面，有時在睡夢中，他總覺得有一本特別大的書壓在身上，把他壓得喘不過氣。多年後，他幾乎照著原樣，把這個慘劇寫入《哈克歷險記》中。

漢尼拔小鎮，是一個西部拓荒者的聚散地，周邊地區各色人等都有。什麼流氓、殘暴的工頭、粗野的農民、挑釁惹事的酒鬼、歹毒的投機客、陰險奸詐的騙子等，簡直是隨處可見。

在一個暴雨將至的夜晚，一位醉酒的惡漢去襲擊住在霍立第山半坡上的一位寡婦和她的女兒。那惡漢滿口汙穢地在吼叫，在屋外謾罵、叫囂，把整個鎮子的人們都吵醒了。

塞繆爾同夥伴約翰‧布里格斯一起跑了過去。他們看到，門廊裡影影綽綽地站著兩個女人，只聽見那寡婦在厲聲喝斥，讓這個醉漢趕快滾蛋。

只見這個寡婦的手裡還捏著一把上了子彈的滑膛槍。她警告醉漢說，她要從 1 數到 10，若數到 10 他還不走，她就會開槍。

　　那流氓卻毫不理會這個婦人的警告，他一邊狂笑著，一邊向前逼近。很顯然，那個流氓醉漢根本不認為這個寡婦和她的女兒有反抗的能力。他以為她們手裡的武器只是裝腔作勢的工具罷了。於是他依然滿臉猥褻地往前走。

　　「1、2！」寡婦開始數起來。

　　「7，8，9！」夜空中只有那寡婦的聲音。

　　「10！」一道火舌刺穿了黑幕，打在這個傢伙的身上，只見這傢伙跌倒在地，身上中了幾顆鐵彈。看熱鬧的人擁上來，想到近前看個究竟。剛好在這時，大雨傾盆而下。塞繆爾和夥伴立即跑回家去。

　　每次看到悲劇發生後，塞繆爾都要嘆口氣，說一聲「又死了一個」。在他所受的宗教教育裡，他總是覺得這是上帝給他的警告，因為他的頑皮，愛搞惡作劇。

　　所以每當太陽一下山，他的信心就消失了，心頭就會湧上來一種莫名的恐懼。他會為自己白天所做的錯事感到難過。他會害怕上帝會趁著黑夜來懲罰他這個做了錯事的孩子。

　　無論是童年的噩夢，還是說不盡的歡樂，都給馬克·吐溫提供了豐富的生活閱歷，為他的作家生涯提供了良好的寫作素材。它們都埋在他的心底，有時候跳出來，變成湯姆·索亞、哈克貝利·費恩、吉姆或菠莉姨媽，或者是塞勒斯上校。

　　但是，隨著父親約翰·克萊門斯的去世，塞繆爾無憂無慮的少年時代也宣告結束了。

# 面對學徒的困苦

塞繆爾雖然很頑皮，但頭腦卻很靈活，記憶力也特別好。所以在他上學的時候，還是學會了許多知識，尤其在語言上，他曾獲過拼寫比賽的第一名。

但由於家庭經濟越來越窘迫，塞繆爾上學有了困難。於是他只能一邊上學，一邊替鎮上一家報紙當報童。下課後或假日就幫忙打雜，賺得微薄的收入，可是家境還是越來越拮据。

有一天，媽媽悲痛地對塞繆爾說：「孩子，現在家裡沒有足夠的錢供應你上學，所以委屈你了！」

塞繆爾則顯得很輕鬆地說：「這樣我就可以不用再看到柯洛士老師了，有什麼好委屈呢？」母親知道，塞繆爾是為了安慰她才這樣說的。

在塞繆爾 14 歲時，他輟學去了約瑟夫·艾門特印刷廠當學徒。艾門特先生是《密蘇里信使報》的老闆與編輯。他給了塞繆爾一般學徒的待遇：包吃、包住、但不支薪。衣服是艾門特二手的，大小也不適合

馬克·吐溫對此曾說：「艾門特的襯衫給我一種不舒服的感覺，彷彿生活在馬戲團的帳篷裡一樣。我得把他的褲子提到耳朵邊才行」。

除了塞繆爾，艾門特還有兩個學徒，其中一個叫韋爾斯·麥考密克，十七八歲。在塞繆爾看來，韋爾斯簡直是個巨人，他穿

著艾門特先生的衣服倒還挺合身的。韋爾斯每天總是高高興興的，看起來沒有什麼煩惱。

至於飲食方面，在塞繆爾的記憶裡是好東西很少，並且總是不夠吃。後來塞繆爾他們被准許從地下室升到一樓，坐在桌邊吃。但是，像糖等比較貴的食品，都得由艾門特太太親自控制的。

按照美國人的規矩來說，艾門特太太可是一位舉止得體的婦女，因為她並不把糖鉢之類的東西交給他們，而是由她親自給塞繆爾他們的咖啡加糖。

在塞繆爾看來，艾門特太太彷彿總是把滿滿一大湯匙的紅糖放到杯子裡，塞繆爾看見她放糖的時候，心中總是充滿希望，覺得這咖啡一定會很甜的。可是，事實卻一次次地讓他感到失望，他實在搞不清楚，為什麼一湯匙的糖放進去，咖啡還是苦的呢？

韋爾斯對塞繆爾說，那都是騙人的把戲。他說，艾門特太太先把湯匙底朝上，把糖從鉢子裡舀出來，這樣看起來彷彿滿滿一湯匙，而事實上它上面只有薄薄的一層糖。

由於經常沒吃飽，於是塞繆爾他們就想辦法從地窖裡偷些山芋或洋蔥等蔬菜，拿到印刷間，在爐子上烤熟後，偷樂得吃上一頓。韋爾斯還有一套煮山芋的祕訣，非常了不起，當然那是他自己發明的。馬克·吐溫在晚年，還能津津有味地回憶起那種山芋的美味。

有一次，56歲的馬克·吐溫去參加德國皇帝威廉二世的一次私人宴會。在宴會上，未等威廉二世陛下先品嚐，馬克·吐溫就

## 面對學徒的困苦

旁若無人地吃起宴會桌上的山芋來，並且喧賓奪主地大發議論。這讓威廉二世非常生氣，也驚呆了在場的所有達官貴人。

可怕的沉默持續了足有半分鐘，要不是皇帝陛下自己把這令人窒息的沉默打破，當然會可能會持續更久。當時是傍晚 6 點 30 分，直到將近半夜時分，這場冰冷的氣氛才被啤酒的洪流完全融化掉了。

至於老闆艾門特所說的包住，實際上連睡覺的床都沒有，塞繆爾他們就只好睡在地板上。此時，年少的塞繆爾經歷著生活的最初磨練，離開了學校，離開了母親溫暖的懷抱。他很想媽媽，也很想家，希望能飽餐一頓。但是，這種願望只有等到假日才能夠得到滿足。

有一次，家人晚上回到家時，發現塞繆爾正在地板上睡得正香。姐姐帕梅拉心想，這大概是他在艾門特的印刷廠裡養成的習慣。這是一段艱難的學徒歲月。每天，塞繆爾很早就被老闆艾門特叫起來生火、打掃房間、整理鉛字。然後，在微亮的燭光下排字、折疊報紙。每逢週日，就更加緊張了，他必須要在黎明時分將報紙分送到每個客戶那裡。

有一天，塞繆爾收到了一個客戶的來信，信中問：「先生，我在報紙裡發現了一隻蜘蛛，請問您，這預兆的是吉還是凶？」

塞繆爾立即回信說：「這不是什麼吉兆，也並非什麼凶兆，這蜘蛛不過是想爬進報紙去看看，哪個商人沒有在報紙上登廣告，牠就到那家商店的大門口去結網，好過自己安安靜靜地日子。」這封回信顯示了塞繆爾的幽默天賦。

排字印刷的工作相當刻板、單調，有時塞繆爾真想一走了之，但是他一想到媽媽，就又忍了下來。於是他常常透過唱歌來緩解枯燥的生活。

　　漸漸的，塞繆爾開始閱讀自己排出來的新聞，因而從中知道不少各地的消息，拓寬了他的視野。此時，塞繆爾體會出工作本身就是最好的報酬，因為他可以從工作當中獲得樂趣和各種知識。

　　學徒的日子雖然很乏味，但是塞繆爾總能保持樂觀和幽默的情緒。就這樣，塞繆爾熬過了兩年多的學徒生活，成了一名熟練的排字工人。

# 首次發表幽默小品文

1850 年夏天，塞繆爾的哥哥奧利安接受母親的建議，從聖路易斯回到了漢尼拔。他借了 500 美元，收購《漢尼拔新聞報》，自己開始辦《西部聯合報》。

弟弟亨利給奧利安當學徒，打打雜。塞繆爾則繼續留在艾門特那裡，並指望著試用期一結束，老闆會付他薪水。可是，一直到離開那裡為止，艾門特也沒有付給他一分錢。

奧利安見塞繆爾在艾門特那裡實在待不下去了，於是就讓他到自己那裡去，談妥每週薪資 3.5 美元。

貧困的生活，過早地奪去了塞繆爾的童年。塞繆爾 14 歲時就自食其力了。但他畢竟還是個孩子，在許多方面還是那樣的天真爛漫。

這年秋天，姐姐帕梅拉主辦了一次晚會，邀請鎮上婚齡男女青年參加，塞繆爾自然不夠資格。不過，在這個晚會上，塞繆爾榮幸地參加一出小型話劇的演出。在劇中，他扮演一隻可愛的小熊。

臨近演出時，天已經黑了下來。塞繆爾抱著「熊服」，與朋友桑迪來到了暫時用作更衣室的房間裡。塞繆爾和桑迪一面講話，一面走進去，這讓兩位還沒完全換好衣服的女孩有時間躲到帷幕後去，不至於被他們發現。但是她們的長上衣和一些物品吊在了門後的掛勾上，不過塞繆爾沒有看見。門是桑迪關上的，可

是他一心在演戲上，所以根本就沒有看到這些東西。

　　房間的這塊帷幕歪歪斜斜的，上面有不少的孔洞。塞繆爾的表演也就得以被帷幕後面的人看到。但此時的塞繆爾並不知情。因此他把衣服脫個精光，未等換上「熊服」就練起來了。他先是滿地亂爬，接著左蹦右跳，嘴裡還不時地發出咆哮聲。桑迪在一旁還不住地狂呼喝彩。

　　得到桑迪喝彩聲的鼓勵，塞繆爾就更加賣力氣了，凡是熊能做的動作，他都做了。即便熊做不了的動作，他也創新了不少，讓人嘆為觀止。

　　最後，塞繆爾頭頂著地，並以這個姿勢休息了片刻。這時，便有片刻的沉默。於是，桑迪問道：「塞繆爾少爺，你有沒有見過鯡魚干？」

　　「沒有，什麼樣子的？」塞繆爾問。

　　「是一條魚。」桑迪說。

　　「哦，怎麼？有什麼特別的嗎？」塞繆爾不解地問。

　　「是的，先生，就是特別，人家連肚腸一口吞下去的。」桑迪說。

　　這時，突然從帷幕後邊傳來女性摀住嘴巴，「嗤嗤」的笑聲！塞繆爾意外地聽著笑聲後，立刻像泄了氣的皮球，搖搖晃晃地倒下去。同時還把帷幕弄掉下來，把女孩們壓在了下面。只聽得她們驚慌得尖叫起來。

　　塞繆爾趕緊拿了衣服就往外跑，逃到了樓下黑黑的大廳裡，急忙把衣服穿好後，朝後面跑了出去。在僻靜處，塞繆爾要求桑

迪賭咒，絕不把剛才發生的事情聲張出去。然後，塞繆爾和桑迪就躲了起來，直到晚會結束。他想一舉成名的願望也就隨之破滅了。由於他沒能上場，他的「小熊」角色就只能讓另一個小夥子扮演了。

一直等到人們都睡著了，塞繆爾才悻悻地溜進家裡。在臥室的枕頭上，他看見了一張小紙條，只見上面寫著：

你演熊未必成功，但你演光屁股可真是精彩至極，哦，別提有多精彩了！

這件讓人如此尷尬的事，一直留在塞繆爾的記憶中。

再說哥哥奧利安，他從來就不是一個擅長做生意的人，他木訥的頭腦裡缺乏經濟學的符號。為了提高報紙的銷量，他把報紙定價降得離了譜，訂數雖然明顯上升了，可是由於報紙定價很低，他們這麼做幾乎就無錢可賺。後來可賺錢的目標沒有達到，他的哥哥也很著急。塞繆爾不忍心看著哥哥為錢的事情發愁，他也不好意思向哥哥要本已答應要付給他的薪資。

儘管如此，塞繆爾對哥哥依然關懷備至。他為奧利安出主意、想辦法，希望能夠幫助他渡過難關。在印刷廠裡，塞繆爾認真地工作著。由於他排版認真，報紙上幾乎沒有出過什麼大的差錯。

塞繆爾早在給艾門特工作的時候，就不時地在報紙上寫些街坊鄰里發生的各種閒雜瑣事的報導，到哥哥辦的《西部聯合報》後，他就大膽地寫點輕鬆愉快的諷刺小品文，登在報紙上。

塞繆爾的第一篇公開發表的文章，刊登在 1851 年 1 月 16 日

的《西部聯合報》上。文章寫的是印刷廠鄰居失火時，一個學徒的偉大舉動。這篇小品文是這樣寫的：

> 我們那位勇猛的學徒看到我們有點著急，斷定他該採取一個崇高的行動，於是馬上收集了一把竹掃把、一個舊木模、一個洗手盆和一條舊毛巾，胸中洋溢著愛國主義的熱情，從印刷廠衝出來，把這些寶貝放到差不多有十排房子以外，使之免於危險。
> 一個小時以後他才回來，跑得上氣不接下氣，一心以為他已經成了一位不朽的英雄；他那魁梧的身子擺出一副悲壯的姿態，以一種演說家的風度大喊大叫：「要是火災沒有這麼快被撲滅的話，那就會要給我舉行當代最盛大的一次慶功大會呀！」

這篇幽默小品文格調明快，內容簡潔，幾筆就勾勒出一個迂腐的印刷工人的形象。在火災時把救火的工具當成企業財產搬走保護的「愚蠢」行為讓人好氣又好笑。大家很容易能體會到馬克‧吐溫的這種另類的幽默風格。從這以後，塞繆爾還寫過不少這類小品文，登在《西部聯合報》上。

其中有一篇說道，許多人都怕夏天的狗發瘋。年輕的編輯兼作者塞繆爾替大夥出主意說：「如何防止 8 月裡的狗發瘋？請在 7 月裡把牠們的頭砍掉！」這種黑色幽默的主意讓人忍俊不禁。這樣的「餿主意」也只有塞繆爾才能想得到。

塞繆爾還在報紙上出過一道「數學題」：如果 8 個人挖地 12 天一無所獲的話，那 22 個人要挖幾天，才能使工作成效提高一倍？

塞繆爾不僅只寫這種詼諧的文章，此時他已經有了關心世界的意識。在 1852 年 9 月的一期《新聞報》上，登載了他的一篇

## 首次發表幽默小品文

短文，署名冗長，而且十分可笑：伏‧伊帕來農達斯‧阿德拉斯葉斯‧勃拉勃。文章說，作者根據密蘇里州議會決議，把姓名改了，而且「這使州裡花了數千美元」。這種對於州會議決議的嘲笑和諷刺態度非常明確。文章意在表達，這樣的州決議只會給平民添麻煩，是屬於浪費金錢又浪費時間的舉動。

馬克‧吐溫的第一篇短篇小說，也是在此時發表的。題目叫《花花公子嚇唬窮光蛋》，1852 年發表在波士頓的一家滑稽週刊《手提包》上。

小說寫的是發生在漢尼拔鎮的一件事。一個愛吹牛的花花公子在一條船上為向年輕的女士們獻殷勤，企圖欺壓一位伐木工人。那工人朝花花公子看了看，掄起手臂就將他推進了河裡，弄得那傢伙無地自容。

當時，報刊上像這種的作品有很多，塞繆爾此時的作品還沒有什麼獨具的特色，要發表這樣的文章也不需要太多的才氣。因為，自 1842 年英國著名的小說家狄更斯來到美國進行訪問後，隨即在美國掀起了幽默作品的高潮，各種報刊都急需這類稿件。

塞繆爾在上學和稍後的一段時間內，就已經讀完了塞凡提斯的《唐吉訶德》、史威夫特的《格列佛游記》，以及狄更斯的許多作品，這些優秀的作品讓他大開眼界。

然而，最受塞繆爾喜歡的還是當時美國的各種雜誌上登載的本土的幽默諷刺作品。當時，各家報紙都互相贈送。塞繆爾藉機閱讀了大量的此類文章。在此氛圍中，塞繆爾受到了良好的本土文化的薰陶。

# 闖蕩世界開闊眼界

　　塞繆爾的哥哥奧利安，一心致力於辦報，儘管報社的房租比較便宜，但每年 50 美元的借款利息和墨水、印刷紙張的開銷，就足以使奧利安傷透了腦筋，更不要說指望報社能夠養家餬口了。

　　母親珍‧克萊門斯天性樂觀風趣，她一邊操持著家事，一邊用一些輕鬆愉快的笑話打發日子，一家人倒也過得快快樂樂的。

　　此時，家中只有 4 個人生活了。塞繆爾的姐姐帕梅拉在 1851 年 9 月就出嫁了，丈夫是 35 歲的維吉尼亞人威爾‧莫菲特，他們很小就相識，婚後兩人定居於聖路易斯，做些代購的生意，日子過得還算舒服一些。

　　奧利安的生意越來越不景氣了，後來甚至連房租也繳不起。於是，他只好將印刷廠搬到了自己家裡。1853 年 6 月，一貫對哥哥奧利安行事作風頗感不滿的塞繆爾，離開家去了聖路易斯。這次離家出走，除了因為哥哥的原因外，還因為他迫切想見見外面的世界。

　　另外，此前還發生了一件讓塞繆爾感到傷心的事。當年 1 月的一天傍晚，塞繆爾在鎮上遇見一個醉漢，那人向他借火柴點菸抽，他給了那人幾根便走開了。

　　當晚，這醉漢因某事被關進了鎮上的牢房。半夜裡，塞繆爾被呼喚「救火」的喧鬧聲吵醒了，他和村裡其他人一起向失火地

點跑去。到達時，發現那間牢房已經火光衝天，那個曾向他討要火柴的流浪漢，正雙手拚命地拉扯牢門的鐵條，嘴裡發出一陣陣哀號，身後是熊熊的烈火。

可是，除了警察局長的鑰匙，誰也沒法救他。等到拿到鑰匙時，醉漢早已倒在了烈火之中。火災是這個流浪漢在神志不清時，用煙卷把草鋪引著而導致的。雖說那不是塞繆爾害的，但是那人在火光中號叫的悽慘場景，卻刻在了他的腦海裡，一種沉重的犯罪感壓在他的心頭，久久不能釋懷。

幾個月後，塞繆爾滿懷著內疚，乘船離開了漢尼拔。塞繆爾計劃，先在聖路易斯積攢足夠的旅費，然後去紐約，去大西洋沿岸的大城市看一看。

在聖路易斯，塞繆爾在《新聞晚報》的排字間找到了一份工作。塞繆爾除了在排字間裡勤勉地工作以外，他將全部的精力都用在了閱讀上。他從圖書館裡借來了許多文學作品，一本一本地讀著，書籍開闊了他的視野。漸漸的，他厭煩了緊張而單調的生活，憧憬著更為廣闊的天地。

1852 年，塞繆爾從報紙上看到了世界博覽會將在紐約開幕的消息，這使他產生了極大的興趣。於是，在第二年的春天，他乘船來到了紐約，興致勃勃地參觀了展出。

塞繆爾到達紐約時，身上只有兩三塊的零用錢，此外還有藏在上衣內裡的 10 塊錢銀行支票。塞繆爾在克李維街約翰‧阿‧格雷和格林的店裡工作，薪資極為低廉。他住在杜安街環境惡劣的工匠寄宿宿舍裡。店裡在支付薪資時，付的是跌價的鈔票。塞繆

爾一個星期的薪資，僅僅夠他的食宿費用。但他依然堅持著。

紐約之行，使塞繆爾大開眼界。他暗下決心，要再進行一次遠遊。不久，塞繆爾來到了費城，先後在《問詢報》和《公報》擔任「補充排字工人」。做了幾個月後，他又到華盛頓去遊覽觀光。東部的一切在他的眼中既新鮮，又具有強大的吸引力，他很願意在那裡繼續待下去。

塞繆爾不時透過家信和寄給奧利安刊登在報紙上的書簡式文章，表達自己的興奮和樂觀的精神。塞繆爾說：「讓人們等著瞧吧，看我什麼時候會失去信心或被飢餓嚇倒。」

這時，塞繆爾接到哥哥的來信，讓他回去共辦《馬斯卡廷紀事週報》。塞繆爾經過認真的考慮，最終還是同意回去幫助哥哥辦報。1854 年，塞繆爾返回密西西比河流域。他在火車裡坐了三天三夜。當他到達聖路易斯時，已是筋疲力盡了。隨後，他搭乘開往馬斯卡廷的輪船。上了船，非常疲倦的塞繆爾，甚至連衣服都沒有脫，在船上整整睡了 36 個小時。

原來，在塞繆爾走後，奧利安所辦的報紙便出現了難題，無法再繼續營運下去。他將報紙轉讓給當初借錢給他的農場主約翰遜先生後，去艾奧瓦州的馬斯卡廷買下了當地的《紀事週報》的少許股份，準備重整旗鼓。在那裡，奧利安認識了基奧卡克女孩莫莉，並很快結了婚。婚後，奧利安遵照妻子的意見，將家搬到了基奧卡克。當塞繆爾接到信後，打定主意回來幫哥哥一把時，奧利安已在基奧卡克買下一些印刷機器，開了一家小小的承印零星印件的印刷廠，並把母親和弟弟亨利也一起接過去住。

## 闖蕩世界開闊眼界

印刷廠的生意不是很好。奧利安個性善良、誠實，是個熱心做事的人，但他又很憂鬱，容易消沉，一句話能讓他沮喪，再一句話又能讓他飄飄然，他始終只能是一位夢想家。塞繆爾回來後，在哥哥的印刷廠做了兩年，一分錢薪水也沒有拿到過。

塞繆爾在印刷廠裡賣力地工作，也時常和年輕男孩、女孩們聊天、逗樂。此時，他已經 20 歲了，他意識到，往後自己是不會再上學讀書了，因此他拿到什麼就讀什麼，報刊雜誌、遊記逸事、通俗故事、古典作家的著作等，他都饒有趣味地閱讀，從中吸取有益的養分。

為了更好地生存下去，塞繆爾開始自學。沒有老師，他只好請教哥哥，在哥哥忙得不可開交，或者他也不會的時候，塞繆爾就只好查字典。在以後的日子裡，塞繆爾把這部大字典隨時帶在身邊，成為他的「良師益友」。

在一天的工作之後，塞繆爾還要點起蠟燭，拿起字典學上幾頁單詞。隨著詞彙的不斷積累，塞繆爾開始試著寫一些短文，把他在童年少年時代聽見的、看到的事寫下來。文章盡量寫得輕鬆、活潑，有幽默感，讓人讀起來感到十分快樂。

有時候，塞繆爾也會把民間流傳的笑話整理一下，稍加潤色一番。塞繆爾喜歡運用漫畫式的誇張手法，寥寥幾筆，一個生動有趣的人物便會躍然紙上。

塞繆爾不喜歡那種矯揉造作的說教式的語言，他覺得用口語寫文章更加簡單明瞭。在他的文章裡，無論是敘事、描寫、抒情、議論或者是人物對話，都保持了口頭語言的幽默生動、樸實

平凡的本色，沒有華麗的詞藻和矯揉造作的痕跡。這是他的寫作風格，也是他一貫所遵循的原則。

　　塞繆爾雖然在《信使報》沒有賺到錢，但在這個平台上，不斷發表的作品，卻顯露了他的文學才華，引起了鎮上人們的廣泛關注。

# 身處逆境不斷求知

轉眼到了 1856 年的夏天。

一天，塞繆爾讀到了一本書，這本書寫的是美國海軍上尉威廉‧路易斯‧赫恩頓在亞馬遜河探險的經歷。這位探險家在一名秘魯嚮導的陪同下，乘坐小木船，在那條大河上遊覽了 7,000 英里。

在書中，探險家詳盡地描寫了亞馬遜河流域的土地、森林、動物、礦藏等各方面的情況。探險家生動的描述、神祕的大河叢林和無窮無盡的寶藏深深地吸引住了喜歡冒險的塞繆爾。他想像著自己到了那裡，開發出極有價值的作物和礦產，發了一筆大財。他多麼想去那裡，去尋找寶藏，創造財富，做出一番大事業來啊！

塞繆爾的那種不甘寂寞、好奇又好勝的個性，以及敢闖敢做的衝勁，催促著他早點踏上探險的征程。但如何才能湊到這筆數目不小的旅費，則是一個大問題。

1856 年 11 月的一天，寒風呼嘯，凍徹骨髓，天上還飄著紛紛揚揚的雪花。塞繆爾一個人在基奧卡克的大街上走著。這時，一陣風吹起了一張紙片，從他的身邊輕飄飄地掠過，撞在了一面牆上。

塞繆爾定睛一看，啊！他簡直不敢相信，那張紙片原來是一張 50 美元的鈔票！用馬克‧吐溫後來的話說：這是他平生第一

次看到這樣的鈔票，並且在艱難時刻見到這麼大數目的錢，對於他來說，也是平生的第一次。

塞繆爾欣喜地奔過去，撿起這張鈔票。此時他的心怦怦直跳，既想據為己有，又怕會遭到懲罰。於是，塞繆爾在報紙上登了啟事，四天過去了，但仍無人認領。

塞繆爾再也坐不住了，他買了到辛辛那堤市的車票，準備開始他的亞馬遜河之行。然而 50 美元根本不夠到南美的路費，塞繆爾不得不再想其他的辦法。最後他決定在辛辛那堤市度過冬季，然後沿密西西比河南下到紐奧良，最後再從那裡轉往目的地 —— 南美洲。

於是，塞繆爾買了一張去辛辛那堤的船票，離開了基奧卡克。隨後，塞繆爾在辛辛那堤的萊特父子公司的印刷廠做了幾個月的工作，以儲蓄旅行的路費。

塞繆爾住在一個收費較為低廉的公寓裡，在這裡寄宿的人們全是一些普通的平民，男女老少都有。他們愛開玩笑，享受生活，性情也很好。其中，時年 40 歲的麥克法蘭是一個對塞繆爾有深刻影響的人。

麥克法蘭是蘇格蘭人，他是一個嚴肅而誠懇的人，他習慣微笑，脾氣也很好。除了塞繆爾，他跟同屋的任何人都不親近，儘管他對大家都很有禮貌，也很和善。

麥克法蘭有很多哲學、歷史和科學等方面的著作，最主要的是《聖經》和一本字典。針對這本字典，麥克法蘭聲稱他能從頭到尾地背下來。他還坦率地對塞繆爾說他以此自豪。他對塞繆爾

## 身處逆境不斷求知

說，隨便他說一個英文字，他都能馬上拼出來，並解釋清楚它的意思。

因此，塞繆爾花了好多時間想找一個能把他難倒的字，可是花了幾個星期都是做白工。最後塞繆爾只得作罷。這樣一來，麥克法蘭就更加高興，更加驕傲了。

麥克法蘭對《聖經》也像對字典一樣的爛熟於心。他是以哲學家、思想家而自居的。麥克法蘭的談話總是涉及嚴肅的大問題。

每到晚上，塞繆爾喜歡在麥克法蘭房間的爐火邊閒坐，聽他講故事或傾聽他的思想見解，一直待到鐘敲響 10 下。這時候，麥克法蘭就要烤一條熏魚了。這是他在費城時從一位英國朋友薩姆納那裡學來的。這條熏魚就是他的睡前酒，同時也是一個信號，說明他要睡覺了。此時塞繆爾就要回到自己的房間去了。

麥克法蘭很健談。有一次，他對塞繆爾說，他幾乎沒上過學，現在學到的東西，全是他自己撿來的。在塞繆爾眼裡，麥克法蘭學識很豐富，這給了他很大的鼓舞。

麥克法蘭曾對塞繆爾談論人性問題。他認為，人心是動物界裡唯一壞的心，人是唯一能夠有報復、忌妒、自私、貪婪心理的動物；是唯一愛酗酒的動物；是唯一對自己的親近部族實行搶劫、迫害、壓迫與殺害的動物；是唯一對任何部族成員實施偷竊和奴役的動物。

麥克法蘭還說，每個人都費盡心機要計算別人，為了自己的利益而犧牲別人。那種人中的神人憑藉高人一籌的智力使低下的

人淪為他的奴僕。回過頭來，又憑著比別人強一些的頭腦高踞在他人之上。麥克法蘭給塞繆爾上了一堂生動的關於人性的一課。

幾年的流浪生活的耳濡目染，使塞繆爾越來越深刻地認識到社會的本質和人性的罪惡。因此，在馬克·吐溫的文學創作中，他始終把揭露社會的本質和人性的罪惡作為他最根本的主題之一。

貧苦的生活並未使塞繆爾消沉下去，相反，他總是一面做工，一面透過自學來提高自己的文化修養，為日後從事文學創作打下基礎。

1857 年春天，塞繆爾買了一張去紐奧良的船票。他要從那裡再換乘別的船去南美洲，開始他闖蕩世界的偉大事業。

# 勤學苦練成為領航員

塞繆爾曾讀過赫恩頓上尉關於在亞馬遜河探險的故事，他被赫恩頓上尉有關古柯葉的記載給迷住了。塞繆爾決心到亞馬遜河的源頭，去收集古柯葉，用它做生意發大財。

古柯是一種灌木，是美洲大陸的傳統種植作物，是古柯鹼的主要原料。古柯樹葉嚼起來是苦的，為當地的咀嚼者所喜愛。他們認為古柯可以使他們增加力量、驅除飢餓、減輕痛苦。因為古柯是一種高熱能植物，當地人稱古柯葉為「聖草」或「綠色的金子」。

古柯葉是提取古柯類毒品的重要物質，曾為古印第安人習慣性咀嚼，並被用於治療某些慢性病，但很快其毒害作用就得到了科學證實。

抱著發財的夢想，在 1857 年春天，塞繆爾開始了他的旅行計劃。他乘坐著破舊的「保羅‧瓊斯」號，緩緩地離開辛辛那堤碼頭，沿密西西比河駛向遠方。塞繆爾的生活從此翻開了嶄新的一頁。

還是在漢尼拔的時候，塞繆爾就對行駛在密西西比河上的各式船隻及輪船上的船長、水手、領航員等羨慕不已。

在內戰之前，美國中西部地區的貨運、客運大都依賴於密西西比河。輪船到來的日子，對沿岸各鎮來講，都是一個隆重的節日。只要有人喊一聲「船——來——了！」剎那間，原來沉悶的鎮子就會立刻喧鬧起來。無論是老人、小孩、男人、婦女，還

是流浪漢、酒鬼，甚至連狗、馬等，都愉快地朝碼頭上跑。

當然，小孩子們跑在最前面，為的是搶佔有利的位置，迎接那遠道而來的客人。塞繆爾9歲的時候，有一次他偷偷地溜到停靠在碼頭的輪船上，鑽進駕駛室，正試圖去摸舵輪時，馬上被領航員發現，把他趕回到岸上。

輪船到岸後，只見船頭旗杆上飄著旗子，所有鍋爐的爐門都敞開著，爐工們使努力往裡拋煤塊，一邊投入一些松香，使得煙囪裡冒出滾滾的黑煙，以慶賀輪船的靠岸。

旅客們紛紛擠在上層的甲板上，船員們站在前甲板上，船長則莊重嚴肅地立在大鐘旁，發號施令。輪船在他的號令聲中，穩穩噹噹地靠了岸。

舷梯一搭好，上下船的，裝卸貨的，都上上下下，真是擁擠不堪。這種場面大概持續幾分鐘後，船長便一聲號令，輪船就收起了旗子，一陣轟轟聲過後，又開始它新的航程。

在漢尼拔小鎮，每星期都有輪船停靠，但每次輪船到來時，依然是全鎮矚目的焦點。童年的塞繆爾和夥伴們就在這樣的興奮與期盼中逐漸地長大了。

此時，長大後的塞繆爾為了見到心中的夢想，開始獨自旅行，成為了輪船上的一名乘客。他想，作為一個乘客，他會像當年那樣，令每個碼頭上的孩子們羨慕的。於是每當「保羅‧瓊斯」號靠岸時，愛表現的他總是站在船上一個比較顯眼的地方。一旦他知道有人在注意他，他就會裝出一副厭倦於乘船旅行的樣子。對塞繆爾來講，緩慢的旅行並不顯得是那麼漫長和無聊。

## 勤學苦練成為領航員

輪船在路易斯維爾附近撞上了河中的暗礁，耽擱了 4 天。也就是在此時，塞繆爾有了成為船上一員的想法。他對船上的大副那種與眾不同的發布號令的方式很感興趣，於是便試圖引起大副對自己的注意，以便進一步同他接觸，但是大副對他不屑一顧，比較冷淡，結果只能失敗了。

過了幾天，塞繆爾總算與船上的一名守夜者搭上了話。他向這位愛吹牛、扯謊的守夜者送上一支菸卷，對方很高興地接受了。因為夜晚實在是比較單調，沒什麼意思，他正擔心沒人陪他聊天呢，於是兩個人就聊了起來。守夜者告訴塞繆爾那些岬角、島嶼的名字，並且還跟他講一些荒唐的故事，塞繆爾饒有興趣地聽著。

漸漸地，善於交際的塞繆爾與船上的一些人混熟了。最終，他還博得了領船員霍雷斯·畢克斯比的信任。霍雷斯·畢克斯比此時35歲，脾氣很大，但他是密西西比河流域公認的航道專家。畢克斯比白天值班的時候，塞繆爾就坐在一旁，有時還有機會操縱一會輪舵。在畢克斯比的指導下，塞繆爾學會了不少有關航行、領航和河道的知識。

這艘船航行得很慢，兩個星期後，船才到達紐奧良。塞繆爾下船後，四處打聽開往亞馬遜河的帕拉港口的輪船，但好幾天都得不到確實的消息。而此時，他的口袋裡只剩下10塊錢了，他探險的信心也在逐漸消退。此外，有人還告訴他，10 至 12 年內不會有船去那的。塞繆爾的發財夢想就此破滅了。沒辦法，他只好另想辦法謀生。

此時，一個念頭突然闖入了他的大腦：做一名令人羨慕的領航員。因為塞繆爾和他的朋友們從小就聽說，輪船領航員的地位是至高無上的。因為只有領航員才能在變幻莫測的大河上從容指揮船隻，連船長也無權干涉領航員的行動，只有領航員才能決定船隻該走哪邊，而不該走哪邊。塞繆爾從小覺得，世界上沒有什麼職業能比領航員更棒了。

　　此外，領航員的生活很有保障，比較富裕。在整個密西西比河流域的勞動者階層中，佔有著特殊的地位。他們跟工廠裡的一般工人的收入相差懸殊，領航員每月薪資 150 美元至 250 美元左右。而領航員這一職業，是當時全美國薪資第三高的職業。

　　主意打定後，塞繆爾變得立刻興奮不已。他迅速跑到輪船上，找霍雷斯・畢克斯比，請他收自己為徒弟。起初畢克斯比拒絕了，因為帶徒弟既無聊又無利可圖。但是他熬不過塞繆爾的軟磨硬泡。而且，隨著這段時間的交流，畢克斯比發現這個鄉下年輕人品行端正，勤奮好學，既不酗酒也不好賭。於是他終於同意收下這個徒弟。按照當時的慣例，學徒必須交納 500 美元學費。

　　塞繆爾做了畢克斯比的徒弟後，駕著「保羅・瓊斯號」回到了聖路易斯。他向姐夫威爾・莫菲特借 100 美元，莫菲特非常爽快地答應了小舅子的請求。於是，塞繆爾把借來的錢交給畢克斯比，正式開始了他 4 年密西西比河上的航行生活。

　　要當一位稱職的領航員，必須熟知大河上的一切情況。由於當時的輪船是由很容易燃燒的木材建造的，因此在晚間也不可以開燈。領航員需要對不斷改變的河流有豐富的認識，因而可以避

## 勤學苦練成為領航員

開河岸成百的港口和植林地。

當時，密西西比河上沒有燈塔，也沒有浮標，領航員導航只能憑藉自己那非常準確的記憶力和判斷力，才能使船隻平安地航行。他們必須記住整個航道中每一公尺河道的模樣。甚至連被河水淹蓋的樹枝也不能掉以輕心。

當領航員需要具有驚人的記憶力，隨時準備承擔風險。他們不但要極為準確地記住河道的全長，而且要分別牢固記住每一段航線的具體里程，晝夜之間的變化情況以及有關的水文氣象預測知識等。畢克斯比機智勇敢，經驗豐富。在學徒期間，塞繆爾看到他總是從容地引導輪船行駛，即使遇到緊急情況，在他臉上也絲毫找不到驚慌失措的神色。

在畢克斯比的批評、喝斥、吼罵聲中，塞繆爾身上的那股傲氣所剩無幾了。在 1859 年得到領航員執照之前，塞繆爾花了兩年多的時間，一絲不苟地學習研究了密西西比河的河道。

畢克斯比是一位老練精幹的領航員，在同行中極受尊敬，同時他也的確是一個出色的師父。他將船所經過的每一個城鎮、農場、岬角、沙洲、島嶼、轉角，都一絲不苟地告訴塞繆爾，並告誡他要準備一本筆記本，將這些都清清楚楚地記下來。

在航行過一段過後，畢克斯比會突然問塞繆爾一些問題，如「紐奧良上游的第一個岬叫什麼名字？」或者「你知道梅樹灣是什麼形狀？」之類的問題。

當塞繆爾回答不出來時，他那火暴的脾氣便立刻發作了，在一陣咆哮之後，他會耐心地教導塞繆爾。他說，要像黑暗中走進

自家的客廳一樣，弄清楚這蜿蜒曲折、岸上水底都變化多端的長河的瑣細形狀才行。在任何這樣的陰影裡，你無法看清暗礁，可是你心中有數，就會知道它在哪，航道的形狀會提醒你，快要靠近暗礁了。而在漆黑的夜晚和在星空下，河道形狀是大不一樣的。此外，還有各種不同的月色也會使河岸的形狀發生變化。在一年多的學徒時間裡，畢克斯比給塞繆爾耐心仔細地作過無數次這樣的指導。

塞繆爾隨身攜帶著一個筆記本，詳細記載有關航道的各種情況。比如，為了繞過急彎，輪船需徑直朝淺灘駛去，那麼在多少公尺的河面上，朝什麼方向前進，輪船才能安全通過呢？這一切都必須準確無誤。

塞繆爾總是將沿河大小的景物牢記在心裡，無論黑暗、濃霧或月夜，都不再使他感到驚慌失措。在聖路易斯和紐奧良之間有500個淺灘，每一處急流和渡口水深他都一一記在腦海裡。

有時候，當輪船停靠岸邊後，塞繆爾就跟著師父畢克斯比一起沿著河岸慢慢走著，他們是在及時地觀察航道的變化情況，測量停泊處的水深程度，判斷奧列霍灣一帶的水面是否變寬。

畢克斯比對塞繆爾要求嚴厲，不讓徒弟有任何自滿和鬆懈的情緒，也經常告誡他遇到挫折時不要灰心喪氣。畢克斯比說：「你看，這些都必須要會才行，逃避困難是不行的。」

多年之後，塞繆爾把師父的這些教誨寫進了他的長篇小說《密西西比河上》。

在一次又一次的航行之後，塞繆爾終於對密西西比河有了深

刻的領會，他說：

> 那水面到時候便變成一本奇怪的書。……而且它不是讀一遍就可
> 以丟開的一本書，因為每天它都告訴你一個新的故事。在這漫長
> 的 1,200 英里之間，沒有一頁書是沒有興趣的，沒有一頁你可以
> 棄之不讀而無所失的，沒有一頁你要想把它越過，而想著你可以
> 從另一件事上尋到更高的愉快。

艱苦的學徒生活磨練了塞繆爾，使他養成了一種職業性的特
殊敏感。後來塞繆爾幽默地說，如果將一名領航員應具備的所有
知識都裝進腦袋裡的話，那麼他恐怕要拄著拐棍走路，才不至於
使沉甸甸的腦袋掉落在地上。

在密西西比河上當領航員，不僅要有驚人的記憶力，而且
眼睛要有本事讀懂天空、河岸、水面、水下的各種隱祕的「文
章」，還要有自信心，有足夠的膽量和行事果敢的作風，才能在
這條大河上自由地馳騁。

有一次，畢克斯比有意設下圈套，考驗一下自己的徒弟塞繆
爾。他讓測水員謊報水深。

「深 7 公尺！6 公尺！5.5 公尺！4.5 公尺！4 公尺！4 公
尺！」塞繆爾一時間嚇得不知所措。

船的吃水是 2.5 公尺！塞繆爾嚇得連搖鈴通知機械師停機的
力氣都沒有了。他跑到通話筒上，啞著嗓子對機械師喊道：「呀，
老本，你若愛我，使船後退！快，老本！退後保它的命啊！」

這時候，塞繆爾聽見身後關門的響聲，回頭一看是畢克斯
比，只見他一臉溫和、甜蜜的笑容。接著，上層甲板上爆發出一

陣哄笑。塞繆爾一下子明白過來了。他覺得自己像是做了件最見不得人的事，恨不得旁邊有個洞，鑽進去躲起來才好。

畢克斯比教導他說：「你應在這次經歷中學點什麼。不應讓旁人動搖了你在這段知識上的自信心。還有，當你走進危險地方的時候，不能慌張和膽怯。膽怯是無濟於事的。」

當然，塞繆爾不會輕易忘記這件令他羞辱的事，因為在事後的幾個月時間，他仍聽到有人說起那句他深感恥辱的話：「呀，老本，你若愛我，使船後退！」

在當領航員的日子裡，也有令塞繆爾十分開心的時候。在駕過的大船上，如「阿列克‧司各特號」、「約翰‧羅烏號」、「賓夕凡尼亞號」等，常常都載滿了客人。

此時，塞繆爾就是這個船上的統領。他高高在上，立於豪華的領航室裡，叼著菸管，以一副王子般的派頭打量著下面各式各樣的活動。無論是船長、船員，還是大亨、小姐，都同他打招呼。在船上，他還可以聽到發生在世界各個角落的大小事件。這一切讓他感到很充實，很自豪。

每次航班結束後，塞繆爾就感到如釋重負，他懷著輕鬆愉快的心情，在聖路易斯城休息幾天。姐姐帕梅拉一家在這裡購置了一棟寬敞的房屋，母親和弟弟亨利也從基奧卡克鎮搬遷過來，與姐夫一家住在一起。這樣一來，每當休假的時候，塞繆爾就會和家人團聚。1858 年，塞繆爾的學徒期結束了，他成為了一名見習領航員，全家人都為此感到高興。

# 痛失弟弟在自責中前行

塞繆爾成為見習領航員後，也有了一些資歷。

有一段時期，塞繆爾的弟弟亨利住在聖路易斯，但沒有找到工作。於是塞繆爾給亨利在「賓夕凡尼亞號」找了一個職位，當上了二等文書，實際上就是船長的聽差。

當時塞繆爾在這艘快速郵船上當領航員布朗的下手。因為畢克斯比並非隨時都方便帶他，塞繆爾也時常被交給其他領航員帶，布朗就是其中之一。布朗是位中年人，「細高個，骨瘦如柴，一張馬臉總刮得精光，無文化，吝嗇、惡毒、言語粗暴、專愛挑錯，小題大做的專橫者」。塞繆爾對他痛恨至極，但不能反抗，因為這是行規。

1858 年 5 月，「賓夕凡尼亞」號從聖路易斯出發，開往紐奧良。這是一次令塞繆爾終生難忘的航行。

在順流而下的途中，亨利從船長那裡傳話給布朗，要在下游一個口岸停一下。布朗卻不加理睬，裝作沒聽見，逕自將船開過了那個碼頭。

船長上來追問是怎麼回事，「難道亨利沒通知你在這裡停靠嗎？」

「沒有，先生。他上來過，可沒說什麼。」布朗說。

「你聽見他說什麼了嗎？」船長問一旁的塞繆爾。

「聽見的，船長。」塞繆爾回答。

「住嘴！你絕沒聽見過這種話。」布朗惱羞成怒。

當亨利再次踏進駕駛室時，布朗便破口大罵，還打了亨利一個耳光，隨後抓起火爐旁供領航員取暖的煤塊，猛然朝亨利的腦袋砸去。站在旁邊的塞繆爾實在是忍無可忍，他猛然撲向布朗，一下子將這傢伙撲倒在地，用拳頭狠狠地揍了布朗一頓。當時輪船由於無人掌舵，隨波逐流，幸而沒有遇到急流險灘，否則後果不堪設想。

布朗不肯善罷甘休，他威脅船長說，他與塞繆爾勢不兩立，要不是他走，就是讓塞繆爾滾蛋。船長心裡也恨布朗的專橫和獨斷專行，於是私下里同意塞繆爾，船到紐奧良後由他掌舵。但是塞繆爾覺得自己經驗不足，因此退縮，他婉言謝絕了船長的聘請。

出於無奈，船長只得繼續僱請布朗，準備回聖路易斯後重新找人掌舵，到那時再讓塞繆爾回來當助手。

這樣，船到紐奧良後，塞繆爾下了船，隨後上了「艾·特·雷西號」。在「賓夕凡尼亞號」動身兩天後，該船也起錨逆水上行。「雷西號」在密西西比州的格林維爾停靠時，塞繆爾聽了「賓夕凡尼亞號」發生鍋爐爆炸的消息。船到阿肯色州的拿破崙鎮時，一份報紙上登載了詳盡的報導，提到亨利，但說他沒有受傷。再往上行時，另一份報紙說亨利受傷了，有生命危險。一路上，塞繆爾的心裡非常著急。

因為此前，塞繆爾曾做了一個十分不好的夢。有一天早晨醒來時，塞繆爾發現自己做了一個可怕的夢，夢境很逼真。在夢

## 痛失弟弟在自責中前行

中，他看到了亨利的屍體躺在一具金屬的棺材裡，胸前放著一大束鮮花，多數是白玫瑰花，中間是一朵紅玫瑰花，棺材放在兩張椅子上。

船終於到了孟斐斯，災難的全部詳情得以知曉。「賓夕凡尼亞」號行至孟斐斯下游 60 英里處時，正是炎熱的 6 月天的清晨 6 點，多數旅客和船員都還在睡夢中。

輪值領航員下令全速前進，結果輪船上 8 個鍋爐中的 4 個突然爆炸，船體被炸成兩截，濃煙翻滾，火光衝天，150 人葬身水底，布朗也在其中。

有很多人被氣流拋進河裡，亨利也被拋出很遠落在了河裡，離岸只有幾百公尺。他向岸邊游去，但他忽然想起自己沒有受傷。船從紐奧良起航前的晚上，哥哥塞繆爾對他說的那番話還在他耳畔迴響。

在開船前一天的晚上，塞繆爾叮囑弟弟亨利說：「萬一船出了什麼事，不要慌，讓乘客們去做蠢事吧！他們自有辦法，他們自己會注意的。不過你得衝上最上層甲板，抓住左舷舵手室後面那唯一的一條救生船，聽候大副的吩咐、命令。這樣，你就能有點用處，船放下水以後，盡量幫助婦女、小孩上船，你自己要注意不要混到一起。現在是夏天，河面照例只有 1,600 多公尺寬，你不用花甚麼力氣就能游上岸了。」

一想起哥哥的囑咐，亨利隨即轉過身，朝劇烈燒著的船骸游去，結果被燒成了重傷。

塞繆爾趕到時，亨利和其他 40 多名傷員躺在一個大廳的地板上。塞繆爾守在亨利的身邊照顧他。

由於醫生和護理師人手不夠，對亨利和其他受了致命傷的人，只能在優先搶救急重傷號的情況下盡可能地救治。但是，當地一位有名望的、心地善良的老醫生佩頓對亨利表示了極大的同情，他採取了有力的措施。經過一週左右的時間，佩頓醫生終於把亨利搶救過來了。

　　有一天晚上 23 點，佩頓醫生對塞繆爾說，亨利已經脫離生命危險，一定會好起來的。他接著說，這裡到處躺著呻吟著的病人，如果亂糟糟的吵鬧聲影響到亨利，對他就不好。因此可以要求值班醫生給他服用嗎啡，不過必須是在有跡象表明亨利確實受到吵鬧後才能服用。

　　亨利夜裡常常疼痛難耐，悲苦地號叫。後來一個醫學院還沒畢業的年輕值班醫生沒弄清楚如何計算用量，沒有多想就開了藥，將超過劑量的嗎啡讓他服用，結果產生了致命的後果。

　　此時，塞繆爾因為極度困乏，到一戶人家睡了一下。剛好就是他走開的這一會，亨利就出事了，他被送進了太平間。

　　弟弟的死令塞繆爾悲痛欲絕。亨利是他最親愛的人，是他介紹亨利上船做事的，是他讓亨利上了倒楣的「賓夕凡尼亞號」，是他向亨利宣揚所謂的英雄主義。他覺得自己是一個難以饒恕的罪人。

　　此時，更令人驚訝的事情發生了：孟菲斯的一些太太們湊了 60 美元買了一具金屬棺材。當塞繆爾到太平間看弟弟的時候，一位太太帶來了一大束花，大多數是白玫瑰花，中間是一朵紅玫瑰花。她把這束花放在了亨利的胸口上。這一切都和塞繆爾的夢境相同。

## 痛失弟弟在自責中前行

　　為了不使母親知道這場噩夢，免得她傷心，塞繆爾後來只把這個噩夢記在《自傳》裡。

　　不滿 20 歲的善良而又誠實的亨利·克萊門斯，被埋葬在他童年生活過的漢尼拔鎮。塞繆爾安葬好亨利後，失魂落魄地回到船上工作。在度過痛苦、哀傷的幾個月後，1859 年 4 月，塞繆爾領到了正式的領航員執照。

# 面對艱險勇往直前

塞繆爾駕駛著「賓夕凡尼亞號」快速客輪往返於紐奧良與聖路易斯之間。他每月賺 250 美元，生活比較寬裕，他還經常接濟手頭拮据的哥哥奧利安。

在遼闊的密西西比河上航行，豐富了塞繆爾的閱歷。就在這美好的日子裡，一位美麗的少女闖入了塞繆爾的心中。那是一個夏天，塞繆爾駕駛著「賓夕凡尼亞號」抵達紐奧良港口，恰巧「約翰・羅號」也停泊在這裡。塞繆爾懷著重返故鄉般的感情，來到貨輪上與老朋友敘舊。

這時他為甲板上亭亭玉立的 15 歲少女勞拉・賴特所傾倒。他一見鍾情，喜歡上了這個來自密蘇里的女孩。此後三天，除了晚上船休息，塞繆爾幾乎形影不離地跟在她的身邊，享受著初戀的幸福。

可是，幸福的時光實在是太短暫了。到了第四天，隨著船長發出的「『賓夕凡尼亞號』倒車出港」的命令，塞繆爾與鍾情的少女匆忙地分手了。短暫的邂逅，在塞繆爾的心中留下了難忘的記憶。

在密西西比河上航行，可以說是塞繆爾一生中最難忘的一段生活。他親眼目睹了市儈、賭徒、奸商、歹徒和流氓為金錢而施行的種種欺騙、敲詐勾當，使他對社會、對人性又有了進一步的認識。

## 面對艱險勇往直前

經過幾年的奮鬥，塞繆爾終於有了一份讓人羨慕的職業和薪水。他以為，這就是他終身的事業，再不會有什麼其他的變化了。領航員的生活，使塞繆爾結織了許多船長、水手長、水手和移民。他們每個人的經歷都是一個動人的故事。塞繆爾記住了許多真實的故事素材，同時也記住了很多趣聞、笑話、傳說故事。

在輪船上，年輕的領航員塞繆爾空閒時，喜歡講幽默故事，他說話總是慢條斯理的，他經常採用第一人稱「我」的敘述手法，來講故事。這樣他既是講故事者又是故事中的主角，因此大家聽起來覺得更加幽默。

塞繆爾在講述怪誕的可笑的故事時，和現在一些著名的喜劇大師一樣，常常裝出一副一本正經的樣子，他從來不露出一絲笑容。大家都很喜歡和塞繆爾待在一起，因為從他身上，能得到快樂。雖然也有人試著學他給別人講笑話，但是這種板著臉講笑話的本事是很多人都學不來的。所以大家很佩服他的這種能力。

在當領航員的這段時間裡，塞繆爾沒有進行多少文學創作，也沒有給報刊寫過稿件，但他卻蒐集了大量的笑話和故事，讀了大量的小品和有趣的文章，而且經常到圖書館看書。這些他蒐集來的笑話和小故事以後都成為他進行幽默文學創作的素材。後來，塞繆爾開始發表一些幽默作品。這些幽默作品的發表也為他之後成為一代幽默大師奠定了堅實的基礎。

馬克·吐溫晚年回憶時說：「我從來沒想到要投入文學，從來沒想到要和文學打交道，只是一些偶然的因素，使我拿起筆從事文學創作。」這些無心插柳柳成蔭的例子在馬克·吐溫先生身上得到了充分的驗證。

自 1830 年代以來，美國的社會生活悄然發生著變化，北方憤怒的人們在談論廢除蓄奴制。而南方的大農場主們堅決反對廢除蓄奴制。1860 年 11 月，亞伯拉罕·林肯當選為美國總統。林肯是北方解放黑奴的代表，林肯當選之後不久，南部主張蓄奴的各州紛紛宣布脫離聯邦，他們想繼續保留黑人奴隸制，於是南方代表們決定並成立一個新的聯邦，另選總統。

　　1861 年 1 月 26 日，塞繆爾所在的船停泊在紐奧良。這天，路易斯安那州議會通過表決，同意脫離美利堅合眾國，加入南部聯邦。第二天，塞繆爾開始北上，一路穿過許多條由小船組成的封鎖線後，抵達聖路易斯。

　　此時美國南北方矛盾已經到了劍拔弩張、一觸即發的程度了。

　　南北雙方的代表都在為武力鬥爭在做最後的準備工作。

　　這是塞繆爾當領航員的最後一次旅行。1864 年 4 月，南北戰爭全面爆發，密西西比河上的航行因為南北戰爭而被迫中斷，塞繆爾不能再繼續從事領航員的工作了。因為此時國內已經亂作一團，熊熊戰火已經燃燒到密西西比河上了。塞繆爾的領航員生涯因此結束。當塞繆爾回到聖路易斯，住在姐夫莫菲特家裡時，該城的廢奴派已經掌握了政權，正在組織兵船準備沿著密西西比河深入到南部內地各州進行作戰。政府軍急需熟悉航道、經驗豐富的領航員。

　　塞繆爾是個技術熟練的領航員，但他不願意為南方政府服務。因此他不得不在聖路易斯東躲西藏，幾天後他逃到了漢尼拔鎮。漢尼拔鎮位於密蘇里州的北部。密蘇里州是一個奴隸州，並

被大部分人視為是屬於南部的一部分，但密蘇里州並沒有加入聯邦。

當戰爭開始時，塞繆爾和他的朋友加入了一個聯邦的民兵部隊，並加入了一場戰爭。在那場戰爭中有一個人被殺了。此時，塞繆爾發現，他根本不能忍受自己殺任何人，於是他選擇了離開。

此時，哥哥奧利安因印刷廠經營不順，於是重新掛起牌子承辦法律事務。可還是沒有需要受理的案件。無論是印刷廠還是法律事務所都沒能給哥哥奧利安帶來能夠解決溫飽的收入。此時，奧利安一家的生活很是困窘。

林肯總統的上任，終於給奧利安帶來了福音。還是在聖路易斯當印刷廠學徒時，奧利安便與愛德華·貝茨結下了深厚的友誼，而貝茨如今成了林肯總統內閣的一名成員。在他的舉薦下，奧利安得到了內華達準州祕書的職位，掌管財政、行政等事務，年薪是 1,800 美元，這在奧利安看來，是非常可觀的收入。但是因為他住在卡森市。卻要去內華達走馬上任，便想把塞謬爾帶去當他的私人秘書。

在內戰爆發前夕，內華達開始成為美國開採貴重金屬最重要的中心之一。很多人都帶著淘金的夢想來到這裡。慢慢的，隨著淘金熱潮的逐漸高漲，內華達州也開始慢慢地繁榮起來了。

到內華達要搭乘橫貫大陸的公共馬車，旅費全由塞繆爾來支付，這是一大筆錢。塞繆爾還隨身帶了他過去積蓄下來的 800 美元，全是銀幣，重量很重。除此之外，塞繆爾還帶了另一個累

贅，就是《大字典全書》，重 1,000 磅左右。馬車公司對超重的行李按兩計價，字典超重所花費的錢也很多。

1861 年 7 月 26 日，塞繆爾和哥哥奧利安乘船行至聖約瑟夫，再換乘長途公共馬車，輾轉向西部前行。馬車上滿載著郵件，奧利安和塞繆爾坐在一大堆的郵袋上。他們穿著褶皺的沾滿泥土的衣服，頭上戴著寬邊帽，腰帶上挎著左輪手槍，完全是一副淘金者或西部農場主的打扮。

他們晝夜兼程，穿越草原，跨越山嶺，行駛在崎嶇不平的小路上。7 天後，他們駛進了剛從印第安人手中奪過來的地區。這一帶是印第安人和各路強盜、土匪經常出沒的地帶。這裡的地理位置是非常凶險的。因為一不小心，如果遭遇到印第安人或者強盜、土匪之類的，那後果不堪設想。雖然他們身上也帶著槍，但是作為從來沒有打過人的這對兄弟來說，想要戰勝土匪、強盜還是很困難的。所以他們在途中總是提心吊膽。

有一天夜裡，一名投遞快遞的郵差騎馬從驛車旁急駛而過。突然，傳來了槍聲，郵差中彈了。他忍著傷痛，拚命地騎馬而逃。

塞繆爾他們乘坐的驛車來到途中的一個小站休息時，恰巧遇到驛站長在跟隱藏在附近樹林裡的印第安人進行槍戰。這時，他們才發現馬車伕前天夜裡就受了輕傷，心裡不免驚慌起來，但是車伕卻毫不在乎。因為車伕經常驅車行駛在這沒有開發的荒涼地帶，時常遭到印第安人或者逃犯、歹徒的伏擊，他已習以為常了。

## 面對艱險勇往直前

　　路途的顛簸和惡劣的飲食，以及一路上發生的險境，讓塞繆爾他們困苦不堪。大約走了 11 天後，他們到達了大鹽湖城，在此地短暫休息了兩天。鹽湖城是摩門教的信徒們在 14 年前建立的，他們一般都是來自俄亥俄、密蘇里和伊利諾伊等州的移民，在家鄉被視為異教徒受到迫害，這裡於是成為他們的避難地。

　　這裡街道整潔寬闊，市鎮上還開設了不少工廠和店鋪，居民們都在忙忙碌碌地工作著。這一切給塞繆爾留下了很深的印象。

　　隨後不久，他們就又登車，繼續在沙塵與荒野中穿行。7 天後，他們終於抵達了內華達州的首府卡森市。

# 投身淘金大潮中

　　早在塞繆爾他們來到內華達之前，也就是三年前，人們就曾在內華達地區意外地發現了金銀礦，並且這裡的礦產資源極為豐富。這一驚人的發現，立刻吸引了無數人的目光。

　　人們趨之若鶩，不辭辛勞、爭先恐後地從各地趕到內華達，他們那顆渴望獲得財富的熱情從來沒有削減過。這是在繼加利福尼亞之後，再次掀起的一場如火如荼的淘金熱潮。

　　當塞繆爾和哥哥奧利安來到此地時，全城的民眾正沉浸在無邊無際的「尋金夢」中。數以千計的人們湧向這裡，做著開礦發財的美夢。

　　隨著大量的金銀被不斷地從地下開掘出來，內華達很快就成為一個令人矚目的地區，成立州並組織地方政府已經勢在必行。

　　內華達準州是在塞繆爾他們到來的 6 個月前就宣告成立的。總統林肯已經決定指派紐約的一位有名的政客任準州州長，他就是納伊。納伊當然是欣然應允。他願意來到這個偏僻的地方，顯然是另有所圖的。

　　內華達在當時的政府及平民們看來，無疑是最具發展前途的地區，不久的將來就會成為州。納伊時常這樣想著：到了那個時候，我就可以理所當然地當上了聯邦參議員。這就意味著，我就可以住在華盛頓，並對許多事都有發言權了，也就會有更多的撈錢機會了。奧利安到達以後，就跟塞繆爾一起住進了一家為政

## 投身淘金大潮中

府官員新建的公寓內。很快，在納伊的率領下，他們開始了新的工作。

塞繆爾來到此地以後，總能聽到各種各樣的最近發生的事情。人們傳播一件事情的速度絕不比發生一件事情要慢多少。除了那些關於械鬥、殺人的消息外，他們聽得最多的就是不斷發現新礦脈的傳聞。卡森市的 2,000 居民都是礦工，其中有不少人都因淘金轉眼間從窮光蛋變成了大財主。

塞繆爾在聽了各種傳說，看到了運進卡森市的無數銀磚後，就再也沉不住氣了。他對這件事是如此地關注，以至於徹夜難眠。他經過深思熟慮，最後決定購買礦上發行的股票，並以極大的熱情加入到開採銀礦的人流中。

擁有巨大的財富，想必世界上再也沒有比這更能激勵人心的事了。對！心動不如行動，塞繆爾想到這裡，立刻找來老鐵匠巴路和兩個青年律師，和他們共同商量這件事。

一切都安排妥當了，甚至包括旅途中可能遇到的問題以及解決問題的辦法。他們達成了一致意見後，塞繆爾便買了一輛陳舊的馬車。

一個陽光燦爛的早晨，天氣晴朗無風。

「這可真是個難得的好天氣！」塞繆爾興奮地說。

他們 4 個人早早地起來，七手八腳把必備的食物、生活用品和工具等都裝到了馬車上。然後，由兩匹老馬拉著，前往離卡森鎮 320 英里的尤林威爾勘探銀礦了。

如果他們這次計劃能夠取得成功，就將預示著從未有過的收

獲。這些夢中的銀子似乎就在他們的眼前一樣，不停地晃來晃去，跳動著，挑撥著他們敏感而又脆弱的神經。

令人始料未及的是，一切並沒有想像中的那麼美好。在那寒冷的季節，他們走得是如此辛苦。別說沒有一處可以瀏覽的風景，就是連塊歇腳住宿的地方都很難找到。

走累了，他們就找一處相對平坦的地方，暫時歇歇腳，避風是不可能的，四周總是白茫茫的一片，空空曠曠。餓了，就吃點隨身攜帶的食物，渴了就喝點用雪化成的水。

隨著腳步的前行，目標近在眼前，他們似乎看見了希望的曙光，便越發加快了行程。

就這樣，他們滿懷著希望在冰天雪地裡，走了整整十幾天。最後，塞繆爾一行人終於來到了尤寧維爾，這個離卡森市約 320 英里遠的小村莊。

說它是村莊，也不過幾棟簡易房子而已。只有一些用木板條搭建的簡陋不堪的小棚屋，這些棚屋還是前來尋礦採礦的礦工們臨時搭建的。屋子裡的布置也非常簡單，甚至可以說沒有任何布置。在冰天雪地裡，在這樣異常寒冷的地方安家，簡直就是「自殺」。

在他們 4 個人當中，除了巴路了解關於礦藏的知識，具有一些採礦經驗外，其他的人對這些簡直是一竅不通。

在老鐵匠巴路的指點下，他們翻山越嶺，開始行動了。他們仔細地探尋著可能會有礦藏的每一處角落。隨後，這 3 個人在巴路的指引下，也很快學會了如何在眾多的石頭中準確地辨認出哪種是銀礦石。

## 投身淘金大潮中

當他們發現某處可能有銀礦時，神經就變得異常興奮。於是，趕緊用鐵鎬、炸藥、鑽頭等工具，採挖礦的坑道。可是令人失望的是，他們挖了一個又一個，什麼有價值的東西也沒見到，沒有一個坑道是有礦藏的。

時間在一天天地逝去，糧食也被吃得差不多了。再繼續下去他們就可能會陷入全軍覆沒的境地，甚至有可能被凍死在這裡。

於是，失去信心的塞繆爾同巴路一起放棄了原定的計劃，決定改變計劃，去埃斯摩拉爾達碰碰運氣。

埃斯摩拉爾達是另一個很有發展前景的礦區，但塞繆爾他們的運氣依然不是很好。兩個人和另一位剛入夥的成員加爾文‧希格貝一起，拿著鑽頭、鐵鎬，終日在山上挖掘，但始終沒有任何收獲。

一天又一天地用鎬挖土，用炸藥爆破，他們不知流了多少汗水，手掌不知結了多少繭，卻仍然看不到希望的曙光。塞繆爾、巴路和希格貝開始感到厭倦了。

他們現在已經不再像最初那樣尋礦心切了。也不會像原來那樣，整天去山裡探礦了。有時候，他們甚至就待在工棚裡休息，哪也不想去；或者一起玩撲克散心；或者到附近的村鎮上閒逛。

鎮上與村子不同。這裡到處是酒館、妓院、賭場，街道上瀰漫著喧擾的氣息。在這燈紅酒綠中，人們開始釋放一天的勞頓，尋找白天裡沒有的刺激。於是，經常有人在喝醉酒後鬧事，持槍鬥毆的事情也是不斷發生。

晚上，為了消磨枯燥乏味的時光，喜愛寫作的塞繆爾就常常拿起筆來，以緩解心中的煩悶和寂寥。他經常坐在燈下寫一些關於礦區生活的通稿。他以「卓什」作為筆名，把寫好的稿件寄給

維吉尼亞有名的《企業報》。

　　令塞繆爾沒有想到的是，那些富有情趣的礦工生活的描寫，剛好迎合了報社的要求。他的作品不僅貼近生活，而且筆調輕鬆、幽默，因而受到了編輯們的極大賞識和讀者的普遍歡迎。雖然說寫稿有能賺點錢，但塞繆爾還是捨不得放棄開採銀礦的計劃。

　　在外久居的日子，時常讓人思念故里。有時，塞繆爾會在夜深人靜的夜晚，拿起筆來給家裡人寫寫信，以傾訴他內心的苦惱。他在給姐姐帕梅拉的信中說：

> 我只不過誇誇其談，其實毫無效益，我只不過浪費資金，其實沒賺一分錢。我的雙手至今沒有摸過屬於自己的金銀錠。這樣的境況，你恐怕想像不到吧。

　　但是，塞繆爾並沒有因此停止找礦的計劃。他不甘心就這樣一無所獲，空手而歸；他也不想自己的苦苦奔波毫無結果。他繼續和希格貝在山坡上、河谷底尋找著；他們不斷地在礫石堆、坑道裡挖掘、爆破，但是失望也總是不斷地打擊著他們。

　　到了 1862 年夏天，塞繆爾的手中除了握有一些仍然沒有升值的礦山股票和無利可圖的礦井開採權以外，一無所有。在飢寒交迫中，塞繆爾的生活變得異常艱難。他每天都在為如何餵飽肚皮而犯難。

　　有一次，塞繆爾連續幾天幾夜都沒東西吃了。他奄奄一息地躺在破舊的小屋裡，蜷曲著身子，無力地喘息著，幾乎快餓死了。就在這時，一位心地善良的朋友發現了他，救了他。

## 投身淘金大潮中

　　當塞繆爾的身體漸漸恢復後，他開始為自己謀劃生路。最後，不得不選擇去一家選礦廠當勞力，做苦工。在那裡，他終日付出勞力，整天不得休息，每星期也只賺 10 美元，仍處於半飢半飽的窘境，生活極為艱難。

# 正義和幽默的記者

處在艱難的困境之中，讓塞繆爾一籌莫展。突然有一天，他想起了曾經發表過他寫的通稿《企業報》。於是，他給哥哥奧利安寫了一封信，請哥哥轉告《企業報》的編輯先生。

在信中，塞繆爾說：

我準備寄給他們所需要的通稿之類的稿件，只要求每星期付給我10美元的稿費，以解燃眉之急，使我能勉強地維持生活。其實，誰又能像我這樣為微薄的稿費，從早到晚收集素材呢？

沒想到事情進展得很順利，1862 年年底的一天，塞繆爾收到了《企業報》老闆兼主編古德曼寫給自己的一封言辭懇切的信。信中說，《企業報》的記者威廉・賴特要去依阿華州探親，行期3 個月，問塞繆爾是否願意在他離職期間接替他的工作。每週 25美元的薪資。

塞繆爾真是高興萬分，他匆匆地與希格貝道別，去了維吉尼亞城。

維吉尼亞城位於內華達最先發現銀礦的科姆斯托克中心，是個正在迅速崛起的城市。市民大多數是礦工、車伕、店主、賭徒、流氓，此外還有發了財的大富豪。這些市民讀報的口味可不像東部人那樣的「斯文」、「儒雅」，他們要聽幽默，要聽尖刻的粗俗的笑話，愛讀趣聞逸事、小品文和一些聳人聽聞的消息。

塞繆爾作為《企業報》記者，負責採訪當地的新聞。但是，

## 正義和幽默的記者

《企業報》需要的不只是一名普通的記者，它離開了奇聞逸事、笑話、幽默小品就沒有多大的銷路。因為長期生活在貧窮落後的邊疆地區的人們文化生活極其缺乏，他們終日奔波勞碌，壓力很大。他們只想痛痛快快地休息，忘掉憂愁和煩惱。

而塞繆爾從礦區寄來的稿件，很符合這些人的口味，能滿足他們的心理和欣賞需求，這也正是《企業報》老闆古德曼請他來接替那份工作的原因。

1863 年，塞繆爾正式任《企業報》記者，他走遍了維吉尼亞城，蒐集整理種種新聞趣事，寫成新聞性小品刊載在「幽默專欄」裡。

作為一名正直的記者和公民，塞繆爾對當地一些無法無天的現象深惡痛絕。他對草菅人命的法官、陪審員以及肇事後逍遙法外的暴徒大為憤怒。於是在報導中，他經常對一些事情發表評論，提出批評。

一次，報社派塞繆爾到卡遜市報導州會議情況。他每週寄回一篇報導，週日見報。塞繆爾每天在議會裡面，根據仔細斟酌過的是非標準，分別表示讚許與指責。每天早上登在《企業報》半個版面上。這樣一來，塞繆爾就成了有影響的人物。

由於塞繆爾對議員們的臉譜勾畫得唯妙唯肖，對他們迂腐的作風、頹廢的精神狀態描寫得真實深刻。所以寄回來的報導大受歡迎，同時也使議員們感到十分尷尬，會議無法進行下去。被挖苦的議員們用不倫不類的頭銜稱呼文章的作者。為了保護自己，塞繆爾想用一個筆名撰寫文章。

塞繆爾想起了密西西比河上測水員的呼號「MarkTwain」，其意為兩英尋，等於 3.6 公尺，在此深度，船隻可以安全通過。於是，塞繆爾用它作為自己的筆名。

　　從此，《企業報》上經常有「馬克·吐溫」寫的文章，其諷刺的筆調十分犀利，深受普通民眾的喜愛。「馬克·吐溫」的名氣在讀者中也越來越大。

　　1863 年，「馬克·吐溫」這個筆名被塞繆爾正式用於通稿中。利用記者職業的影響，馬克·吐溫設法讓議會通過了一項法律：要求本州內每個從事營業的公司必須把執照作詳盡的登記。而這項工作是由馬克·吐溫的哥哥奧利安負責的。

　　所有執照的措辭是相同的，奧利安有權為了登記執照，按每頁 100 字收費 4 角錢，每一個證書則收費 5 美元。每個人都可以申請公路通行的特許，不過沒有所有權。可是這個特許的權利也必須登記付款，每個人都是一個開礦公司，就必須為此而進行登記付款。這給兄弟倆帶來了一筆豐厚的收入，每個月平均達 1,000 多美元。

　　南北戰爭以北方的勝利而告終。內華達建為州後，奧利安由於沒有主見，在選舉中落選了，於是他失去了豐厚的收入，失業了。

　　此時，馬克·吐溫寫的一些諷刺性小品文，筆法精妙，常常可以以假亂真。他曾寫過一篇《石化人》。在這篇小品文中，描述說有人發現了 300 多年前死去的人的一具屍體化石，當地的法醫對「石化人」進行了檢驗，陪審團展開調查，證實「石化人」

是由於長期暴露而死亡的。隨後，當地居民決定為石化人舉行基督教的葬禮，但他的姿勢看起來離奇古怪，特別是右手的 5 個指頭張開得太寬，因此只得取消了葬禮。

在這篇小說裡，馬克‧吐溫採用影射、雙關語等手法，對當時維吉尼亞颳起的一股「石化風」進行了諷刺。

文章寫得很巧妙，以至於許多人讀了之後都以為是真事，許多家報紙還將其作為一篇科學報導加以轉載。

另外一篇文章寫的是一起駭人聽聞的兇殺案，標題叫《帝國城大屠殺記》，事件發生於離卡森市不遠的一個松樹林。兇手殺死了自己的 9 個孩子，剝掉了妻子的帶髮頭皮，最後用刀割斷了自己的咽喉。

在文章的結尾，作者解釋說，兇手是因為輕信報紙上登載的一些謊報紅利的消息，購買了那些公司的股票而導致傾家蕩產，在精神錯亂中殺妻滅子的。

這個故事也達到了以假亂真的效果，一家加利福尼亞的報紙立刻轉載了它。而當地人發現，在文章中詳細描寫的案件發生地，根本就沒有什麼松樹林。而馬克‧吐溫寫此文的用意十分明顯，他要控拆那些奸詐狡猾、不顧他人死活的投機客和損人利己的公司老闆。馬克‧吐溫盡情地創作著他的「西部幽默」，他還當面向阿特穆斯‧沃德、威廉‧賴特等幽默高手請教。此時，馬克‧吐溫已經有了一套美國幽默家所具備的本領。他的文章不只刊登在西部的各種報刊上，紐約的雜誌上也能見到。

1864 年 4 月，《企業報》老闆古德曼要去舊金山渡假一週，

他便指定由馬克‧吐溫代理主編職務。主編的重要任務是每天寫一篇評論。當時有個習慣，就是各報紙之間喜歡互相指責。

因此有一天，馬克‧吐溫實在找不到什麼可加品評的重大事件，於是他在報紙上發了一篇評論，攻擊同城另一家報紙《維吉尼亞聯合報》的老闆萊爾德。文章即刻得到回應，第二天，對方的報紙上也發了一篇文章，同樣尖酸刻薄地攻擊馬克‧吐溫。

依照內華達當時的風氣，只要你說了對他人不敬的話，對方光口頭上還之以「禮」是不夠的。依照禮節，應該由他發出挑戰書。因此，馬克‧吐溫他們就等著他來挑戰。結果等了一天，沒有等到挑戰書。同事們越來越沮喪了，而馬克‧吐溫卻很高興，因為他根本就不想挑起決鬥。

但同事達蓋特卻是個好事之人，他主動替馬克‧吐溫寫了挑戰書，選了名副手史蒂夫‧基利斯，並由副手將挑戰書送過去。接連送去幾次挑戰書後，萊爾德才勉強接受了挑戰。

同事們有說不出的高興，他們幫馬克‧吐溫立好了遺囑，而這對當事者來說，又是一件多麼令人不愉快的事。這次決鬥定在凌晨5點進行。

在凌晨4點多的時候，史蒂夫‧基利斯帶著馬克‧吐溫來到一個峽谷中練槍法。他們借了一扇倉庫的門板作為靶子，這個門板是從一個到加利福尼亞州去做客的人那裡借來的。他們把門板豎起來後，在門板中央搞一個圍欄代表萊爾德先生。不過，圍欄還不能完全代表他，因為萊爾德比圍欄要長些，身子要瘦些，要打中他是很難的。

## 正義和幽默的記者

說實話，馬克‧吐溫的槍法實在是不怎麼樣。他先對準圍欄的橫木打，可是打不中。接著他又對準門板打，還是打不中。此時的馬克‧吐溫真是沮喪極了。當他們聽到旁邊一個山谷傳來手槍射擊的響聲，馬克‧吐溫他們知道，這一定是萊爾德的人在訓練他。

剛好在這個時候，一隻像麻雀那麼大的小鳥飛過來，停在了30公尺外的一棵山叉樹上。史蒂夫猛然抽出手槍，把小鳥的腦袋打掉了。他們隨即奔向前去，把小鳥撿了起來。

而剛好在這時，萊爾德他們從山梁那邊過來，走到他們這裡。萊爾德的副手一見小鳥的腦袋都被打掉了，臉色都變了。

「是誰打的？」萊爾德的助手問。

「當然是馬克‧吐溫打的。」史蒂夫搶在馬克‧吐溫之前，從容地答道。

「噢，太妙了，山雀隔多遠？」

「哦，不算遠，30多公尺吧！」

「槍法高明，真是佩服。命中率怎麼樣？」

「嗯，大致是5發4中吧。」史蒂夫從容地說。

「喲，這槍法真是高明極了！我還以為他連一座教堂都打不中哩！」這個副手說完後，急忙走到萊爾德跟前，湊近去告誡道：「絕對不能跟這種人決鬥，這豈不是等於自殺嗎？」於是，萊爾德和副手轉身就走，拒絕跟「神槍手」馬克‧吐溫決鬥。

不過，走的時候，萊爾德的兩條腿跌跌撞撞的。隨後，萊爾德給馬克‧吐溫寫了一封親筆信，說無論什麼條件，他都不會同他進行決鬥。

就這樣，馬克·吐溫的命算是保住了，因為後來他們得知，萊爾德曾創造了 6 發 4 中的紀錄。

馬克·吐溫與萊爾德決鬥的消息，一清早便迅速地傳遍全城。這可是條招惹禍事的消息，因為按照維吉尼亞城剛剛通過、即將生效的一項法令，提出挑戰的馬克·吐溫和史蒂夫將要被判處 2 年監禁。

諾思州長的密友傳來回信，讓他們乘第二天凌晨 4 點的公共馬車離開本城，過後將派人搜捕他們。如果那一班公共馬車出發以後，馬克·吐溫他們還在本州境內，他們就會不可避免地成為新法律的第一批犧牲品。

在第二天的黎明之前，馬克·吐溫和史蒂夫坐車逃了。他們經過長途跋涉，來到了美國西部的重要城市舊金山。舊金山瀕臨太平洋，在前些年因發現金礦引發淘金熱而迅速發展起來。

馬克·吐溫和史蒂夫到達舊金山後，先在旅館裡找了個房間，暫時安頓下來。隨後，馬克·吐溫開始為《文藝週刊》、《加里福尼亞人》等雜誌撰稿。他從美國西部各州民間文學中吸取了豐富營養，創作出了一些很有特色的文學作品。

在寫作之餘，馬克·吐溫貪婪地讀書。無論是莎士比亞的戲劇，還是但丁、塞凡提斯、拉伯雷、斯特恩、狄更斯、薩克萊、拜倫等作家的作品，他都非常喜愛。豐富的知識充實了馬克·吐溫的頭腦，提高了他的藝術素養。

於此同時，馬克·吐溫有幸與當時美國著名新聞記者、作家弗蘭西斯·布萊特·哈特相識。哈特具有遠見卓識，發現了馬克·

## 正義和幽默的記者

吐溫的天才，並以極大的熱情和真誠幫助馬克‧吐溫，使他在藝術素養、文學技巧等方面都有了不小的長進。

不久，馬克‧吐溫在當地的《晨訪報》找到一份記者的工作，而且是該報唯一的記者。

每天上午 9 點，馬克‧吐溫就得到警局去一個小時，對前一晚發生的爭吵事件作一個簡短的記錄，工作極端單調和沉悶。據馬克‧吐溫所知，對這些瑣碎的爭吵事件唯一有興趣的人就是警局的譯員了。這個譯員是一個英國人，他熟悉多種方言。每隔十分鐘，他便換一種方言。這種鍛鍊使他精力充沛，腦子清醒。

去完警局，然後就得去高等法院，記錄一下前一天作的判決。他每天辛苦摘錄的這些案例判決都會被列入「日常新聞」這一欄。這些法律類的新聞也就是為了滿足一些無聊的人的茶餘飯後的談資。但是這些新聞全都是真實發生的案件，這樣的新聞才會讓人更覺得有意思。

在其餘時間裡，馬克‧吐溫要在全市盡可能地蒐集一些資料，填充到各欄目內。但是並不是每天都會有那麼多的案件發生，為了防止報紙「開天窗」。如果實在沒有什麼案例可以報導的話，就需要編出一些新聞來。

晚上，馬克‧吐溫就往六家戲院跑，每家戲院停留 5 分鐘，把戲劇或歌劇看上一兩眼，然後僅憑這「一兩眼」，就「詳細報導」這些戲劇和歌劇。一年到頭，每天晚上都絞盡腦汁，力爭對這些演出報導出新的內容。

從每天上午 9 點至晚上 11 點，為了蒐集素材辛苦工作一天

後，馬克‧吐溫又開始用詞句湊成拙劣的作品。總之，他要想方設法填寫規定的版面。本來兩個記者的工作量，卻由馬克‧吐溫一人承擔，累得他精疲力竭，頭暈目眩。

「這實在事是可怕的苦差事，沒有靈魂的苦差事，可說是毫無趣味。」馬克‧吐溫對此抱怨很深，但為了生活，只好硬著頭皮工做。

一天，馬克‧吐溫在街上看到幾個惡棍放狗咬一個中國人，還向他扔石頭。這個中國人正沉重地背著信奉基督教的主顧們每週換洗的東西。而警察卻站在一旁，不但不加以干涉，而且還興致勃勃地看著這場鬧劇。

馬克‧吐溫一腔怒火，回去後他立刻將這件事寫下來，交給編輯排發。可是等了三天後，仍沒有在報紙上見到那篇文章。最終，馬克‧吐溫從工頭那裡得知，《晨訪報》是給窮人看的報紙，是一種廉價的報紙，它的生存依靠這些窮人，就必須尊重他們的偏見，否則報紙隨時都會夭折。而愛爾蘭人是《晨訪報》的主要支柱，沒有他們的支持，報紙連一個月都生存不下去。最重要的是，這些愛爾蘭人是憎恨中國人的。因此，登了稿件自然就會觸犯客戶。透過這件事，馬克‧吐溫清楚地看到偏見是如何輕而易舉地戰勝了正義。

在美國這片土地上有這樣一條真理：有錢有勢的人是可以任意侮辱那些背井離鄉、沒有地位的移民的。在美國的中國人沒有任何民主權利可言，其他移民也沒有。一有機會，有錢的富人就可以欺侮這些善良的人，或者侮辱他們的國家。馬克‧吐溫認為

這些美國人的可恥行徑和他們侵略的本性玷汙了美國國旗，然而這些可恥的人卻以此為榮。

在舊金山，除了歧視外國人的事情以外，各種汙穢骯髒的事還有許多。市長、警察、富豪們相互勾結，貪汙賄賂，徇私舞弊，各種惡劣腐敗行為比比皆是。

馬克·吐溫在報紙上發了多篇揭露文章，從而引起了警方的憤怒。有消息說，一旦他失去《晨訪報》的庇護，就立即對他進行報復。馬克·吐溫迫於警方和老闆的壓力，不得不離開。

# 成為焦點人物

在舊金山，馬克·吐溫靠著稿費，本來過著較為安定的生活。但發生了一個意外事件，使得馬克·吐溫不得不離開。

一天夜晚，馬克·吐溫的朋友史蒂夫·基利斯跟人打架鬥毆，把一個酒館的老闆打成了重傷，當即以犯有殺人未遂罪而遭到了逮捕。馬克·吐溫為了史蒂夫，主動到警察局擔保，但史蒂夫在獲得假釋後逃跑了，沒有到法庭受審。警察局追究擔保人馬克·吐溫的法律責任，因此他被迫逃出了舊金山。

史蒂夫的哥哥詹姆斯是個老淘金者，在深山老林裡修建了一座木板房屋，他得知總愛惹事的弟弟使馬克·吐溫受到了牽連而無處藏身時，就熱情地邀請馬克·吐溫到他那裡躲避一段時間。

於是1864年12月，馬克·吐溫跟隨詹姆斯去了內華達山區的採金小屋，過起了採礦工的艱苦生活。

馬克·吐溫白天和幾個礦工在山坡上做些輕鬆的挖掘，晚上則在小屋裡聽詹姆斯和其他礦工講故事。這些老礦工都是講故事的能手，他們叼著菸斗，坐在火堆附近，編造一些離奇、浪漫的故事。

詹姆斯收藏了許多好書，他擅長講故事。到了夜晚，馬克·吐溫就喜歡跟他聊天，聽他講一些詼諧幽默的民間故事和傳說。

在獵戶、農民和淘金者中，流傳著一個「回聲」的故事。故事中的「我」來到某地，看見遠處巍然聳立的高山，由於相隔

遙遠，說話的聲音到達山谷後又傳回原地時，需要 6 個小時。為了不至於睡過頭，只要在入睡前對著高山放聲喊道：「該起床啦！」第二天清晨，回聲就會及時地喊醒你。這個故事聽起來真是有意思極了。

每晚，在搖曳閃爍的火光裡，馬克‧吐溫就默默地吸吮著西部幽默故事的乳汁。

馬克‧吐溫後來在演講中反覆講述的小故事《什麼事難倒了冠藍鴉》，也是在此時聽詹姆斯講的。說的是一隻冠藍鴉叼了一個橡實，落在木屋子，碰巧看到一塊木板上有個洞，牠就把那橡實扔進去。誰知那個洞是直接通向屋裡的，那隻可憐的、天真的鳥卻想讓屋裡堆滿橡實。

詹姆斯豐富的想像力，曾給他招來了很大的麻煩。有一天，一個印第安女人走過來，想向他們兜售大青梅那樣的野果。迪克‧斯托克住在這木屋裡已經有 18 年了，他知道這種東西吃不得。不過，他也沒有什麼壞心眼地說，他以前從沒有聽說過這種果實。

然而，這句話對詹姆斯來說就足夠了。他把這種鬼果子大加讚頌，說得是天花亂墜。他說自己吃過許多次了，吃起來只要加點糖煮一煮，在美洲大陸上再也沒有什麼東西比這個更美味的了。

迪克實在是聽不下去了，他打斷了詹姆斯的話。迪克說，既然果子這麼鮮美，為什麼沒有在當地種一些呢？這一問，使詹姆斯張口結舌地站了好一陣子。但是詹姆斯不是那種甘心屈服或承

認錯誤的人。他假裝說，能有機會再一次欣賞上帝贈送的珍品，真是太好了。隨後，他把這些果子買了下來，還笑瞇瞇地說，能有這個口福，他真是高興極了。倘若迪克和馬克・吐溫不想和他一起品嚐的話，他也不在乎。

隨後，詹姆斯拿來了一個 3 加侖的煤油筒，灌了半筒水，放在火上。把十多個果子倒了進去，等水一開，他便把一把紅糖放進去。水還在滾，詹姆斯時不時地嘗一嘗這糟透了的食物，這果子越燒越爛，越燒越軟。他就舀起一湯匙嘗一嘗，咂咂嘴，裝得很滿意的樣子，同時還說最好再加點糖。隨後，詹姆斯就把一把糖倒了進去，讓它再滾一會，一把糖又一把糖放進去。

詹姆斯一連嘗了 2 個小時，迪克和馬克・吐溫在旁邊一直在笑他，嘲弄他，可他則一點也不動聲色。

最後，詹姆斯說果子煮好了，煮得非常好。接著，他給每人舀了一份。但是，大家發現那麼多糖根本就沒有改變果子可怕的酸味，酸得讓人受不了。

大家嘗了一下就都放下了，可是詹姆斯還在一點一點地喝，並且還一股腦讚不絕口。到後來，連他的牙齒和舌頭都發痛了。在後來的兩天裡，詹姆斯一點東西也沒吃，牙齒和舌頭痛得厲害，根本就碰不得。即便如此，詹姆斯仍在吹噓那糟糕透頂的果子，還一股腦稱頌上帝。

就這樣，在不時發生的有趣的事件中，一個多月過去了，但是他們仍然沒有找到金礦。為了找到金子，馬克・吐溫他們又遷到卡拉維拉斯縣的安模鎮去。

## 成為焦點人物

一月分的天氣，陰溼且冷，淘金者只好去酒館裡聊天，講故事，消愁解悶。在這裡，馬克‧吐溫又聽到了許多奇妙的故事。

有一次，他聽說了一隻青蛙的故事。有個叫科爾曼的礦工養了隻善跳的青蛙。他自知這是項了不起的本領，就找人賭輸贏。這天，鎮上來了個陌生人，科爾曼提出同他打賭。

可陌生人沒有青蛙，科爾曼就把自己的那隻交由他看管，自己去到一個水窪裡捉來一隻給他。科爾曼離開時，那人餵了青蛙一把鉛彈。結果一比賽，那陌生人贏了。該文的妙處，與其說是講青蛙，還不如說是揭示典型的遙遠西部居民形象。

1865 年 4 月，南北戰爭結束的消息傳到西部的深山老林，馬克‧吐溫於是從礦山小屋裡走出來，回到舊金山，當起記者來。此時，他已經 30 歲。經過十幾年的闖蕩，他有了較為明確的人生目標。

紐約一位出版商想出一本阿特穆斯‧沃德的短篇特寫集，沃德建議馬克‧吐溫也寫一篇。於是他就把那篇青蛙的故事寫下來寄去了。但是因為路途遙遠，稿子寄到紐約時，那本集子已經編好了，於是它被推薦給《週末》雜誌，並於 1865 年 11 月在該刊發表，這就是馬克‧吐溫最有名的故事之一《卡拉維拉斯郡著名的跳蛙》。

在故事裡，馬克‧吐溫把科爾曼改名叫吉姆‧斯邁利。斯邁利無論碰到什麼事情都要與人打賭。「別人樂意怎麼賭，他就怎麼賭，只要他能和人家打成賭，他就心滿意足。」

「要是有人鬥狗，他也要賭；有人鬥貓，他也要賭；有人鬥

雞，他也要賭。哪怕有兩隻鳥落在籬笆上，他也要和你賭哪一隻先飛。」

斯邁利是故事的主角，在他身上生動可笑地展現了一種西部淘金者的狂熱和夢幻精神。故事的講述者西蒙・惠勒，是位幾乎被生活遺忘的老礦工，為人溫和、樸實。他對有人來跟他聊天感到非常高興。他坐在酒吧間火爐邊的椅子上，從對方的問話岔開去，用一種西部特有的口吻講述斯邁利的故事。

西蒙・惠勒是紳士風度與粗俗的西部人的融合，他的冷嘲熱諷深刻揭示了故事的內涵。斯邁利是故事的主角，而西蒙・惠勒才是真正使這個故事不朽的人。

《卡拉維拉斯郡著名的跳蛙》的問世，代表著馬克・吐溫文學事業的開端，是他一生中的又一個轉折點。

1865 年，馬克・吐溫還寫了一個短篇，即《一個沒受上帝懲罰的壞孩子的故事》。壞孩子吉姆做了許多件壞事，在家偷吃果醬，在外偷摘蘋果，在學校裡偷他人小刀卻嫁禍於人等，但他卻從未受到像學校教科書裡所說的那種應得的處罰。吉姆長大後愛酗酒，還殺妻滅子，利用欺騙和無賴的手段發了財，當上州議員。

這則故事的玩笑背後，隱含著明顯的寓意。在這個虛偽的世界裡，宗教教義麻痺了善良的人，飛黃騰達的人則是邪惡之徒。

此時，馬克・吐溫厭倦了記者乏味的生活，他需要充分地展現自己。於是，他決定進行一次旅行演講，把自己做記者和旅行中的故事講給聽眾，介紹一些能促使他們深思熟慮的事實。

## 成為焦點人物

因此，馬克‧吐溫又找到了一個新職業，即演講人。後來他在演講中又增加了滑稽成分。馬克‧吐溫在全國各城市演講時，總是習慣挾著講稿，但他卻從來沒在演講時翻過它，最後稿子散得到處都是，亂蓬蓬地不成樣子，使人看了就覺得很好笑。

在紐約時，馬克‧吐溫得知一家公司決定組織一次環球旅行，遊客將遊覽希臘、義大利、法國、巴勒斯坦等地。馬克‧吐溫想辦法使自己以通稿記者的身分參加了這次旅行。

1866 年 3 月，馬克‧吐溫接受了《薩克拉門托聯合報》的邀請，作為他們的特派記者去夏威夷群島訪問，條件是每月寫 4 篇通稿，以報導在那裡的所見所聞，每篇 20 美元稿費。

夏威夷當時是一個鮮為人知的神祕之地，它那神祕的土著王國、迷人的草裙舞、四季飄香的花草、奇妙的火山等，令人實在是神往。

馬克‧吐溫騎馬走遍了歐胡島、夏威夷、毛伊等島，行程達 300 多英里。他觀賞了世界上最大的活火山，海拔 3,000 多公尺的莫那洛火山噴發熔岩的奇景。馬克‧吐溫從小就愛探險，他不顧嚮導的勸阻，竟然跟另一位膽大的遊客，在火山底面步行了兩英里。

他們到了長長的永不熄滅的熔岩火海附近，不慎中途迷路了。於是他們索性就在那裡欣賞烈焰翻騰的火海奇觀，度過了一個興奮的不眠之夜。

離開莫那洛活火山後，馬克‧吐溫又登上了海拔 3,000 多公尺的哈萊亞卡拉死火山，這是世界上最大的火山口，周長約 50 英里。

就在此時，傳來了「黃蜂號」客輪在太平洋上起火遇難的消息。於是馬克·吐溫馬不停蹄，乘船在海上度過了 40 多個日夜，抵達「黃蜂號」船上死裡逃生的倖存者們所在地點，對倖存者進行深入的採訪。倖存者只有 15 人，他們帶了約 10 天的口糧，乘一艘小船在海上漂流 43 個晝夜後，抵達夏威夷。他們一個個看起來瘦骨嶙峋的。

　　馬克·吐溫在採訪後，通宵達旦地寫稿子，以最快的速度做出了極其詳盡而生動的報導。他的稿子剛好趕上一條正要動身去舊金山的大帆船。這是發往加利福尼亞的唯一一篇詳情報導。消息在報紙登發後，引起全國性的大轟動。報紙老闆也深感得意，付給馬克·吐溫十倍的稿費。

　　馬克·吐溫在夏威夷群島遊覽了四個多月，他在當地土著民族民眾的身上看到了許多很美好的東西。同時，他也發現美國正在企圖吞併和控制整個夏威夷群島。

　　幾年後，馬克·吐溫寫了一篇政論《為什麼我們要吞併夏威夷群島》，對他當時在夏威夷群島耳聞目睹的美國的強盜行徑予以無情的揭露和辛辣的諷刺。

　　1866 年 7 月 19 日，馬克·吐溫回到了舊金山。他發現自己成了萬眾矚目的焦點人物。以前馬克·吐溫不過是遙遠地區的幽默小品作家，然而現在全國各地已有數以萬計的人讀過他的作品，他開始出名了。

　　一家戲院的主人托馬斯·麥奎爾對馬克·吐溫建議說，如今是他發跡的大好時機，要趁熱打鐵，衝進演講的陣地！於是，馬克·吐溫就這麼做了，他宣布要就夏威夷群島的事做一次報告。

## 成為焦點人物

馬克‧吐溫租了一家劇場，張貼出海報，海報的末尾一句是：「門票1元，7點半開門，8點開始勢將出現麻煩。」結果是，馬克‧吐溫的預言還挺靈驗，麻煩的確在8點開始了。因為馬克‧吐溫發現面前只有一個聽眾，他嚇得從頭到腳幾乎都癱軟了。這樣持續了2分鐘，讓人感到非常難受。

但是，馬克‧吐溫的冒險行動成功了。一開始的怯場心理消除後，他自如地在臺上講起來。聽眾也陸陸續續走進來，以至坐滿全場。他天生的氣質，以及他從沃德、賴特、詹姆斯等人的表演中學來的技巧派上了用場。他臉上始終保持一種天真無邪，甚至冷漠的表情，用一種慢條斯理的語調講著一個個笑話，全場笑聲雷動。

在幽默的領域裡，馬克‧吐溫認識到，重複的威力是很大的，幾乎任何一個用詞確切的習慣用語，只要每隔一段時間鄭重其事地重複它五六次，最後總會逗得人家忍不住笑起來。

當馬克‧吐溫在舊金山第二次試圖進行演講時，他曾有意識地證實這個道理。第一次演講，馬克‧吐溫取得了成功，他很滿意。然後，他準備作第二次演講，但是自己又有點怕，因為開頭15分鐘並不幽默。

因此，馬克‧吐溫覺得有必要開頭就讓全場笑一下，如此一來，就能和全場聽眾感情融洽起來，而不是聽任場上逐漸凝聚起一種吹毛求疵的情緒。心裡有了這個譜，於是馬克‧吐溫就定下了一個方案，其大膽的程度，令馬克‧吐溫後來回憶起來，還不敢相信自己當初怎麼竟有那麼大的勇氣堅持下來。

在首場演講成功後，馬克・吐溫又在加利福尼亞和內華達各大城市作了 3 個月的巡迴演講。他對演講的信心越來越足，技巧也愈加嫻熟，財源也滾滾而來。

馬克・吐溫到各地演講旅行時，經常會遇到一些很有意思的夥伴。在演講委員會的人把馬克・吐溫送到旅館後，他經常有機會跟他們愉快地聊聊天。

演講也是需要講究技巧的。馬克・吐溫採取了在加利福尼亞時遇到的一種介紹方法。那是在紅狗村裡，一個懶散的、體格壯實的礦工鄭重其事地創造出來的。當時聽眾堅持讓他上臺給馬克・吐溫作介紹。

這個礦工站在那裡，想了片刻之後，說：「對這個人我不大了解，不過至少有兩件事我倒是知道的，一是他從沒有蹲過監獄；二是我不明白這是為什麼。」

這個演講技巧一度效果很好，後來報紙登了出來，就沒有味道了。以後，馬克・吐溫乾脆把作自我介紹這一套，通通給取消了。

馬克・吐溫時常會遇到一些小小的冒險。有一天，他來到一個鎮上時遲到了，委員會的人沒有等在那裡，也沒有看到有雪橇。於是，馬克・吐溫乘著月光逛到一條街上，發現人們都朝著一個方向湧過去。馬克・吐溫由此判斷，那群人應該是去聽演講的，於是他跟隨著人群往前走去。果然，那群人正是往演講大廳去的。馬克・吐溫慶幸他找對了隊伍。到了大廳，馬克・吐溫想擠進去，可是讓收票的人給擋住了。收票人說：「請把票拿出來。」

## 成為焦點人物

　　馬克‧吐溫彎下身子，低聲地對收票人說：「沒有什麼票，我就是作演講的人。」

　　對方鄭重其事地瞇起一隻眼睛，用周圍的人都能聽到的聲音說：「不，你不是的。到現在為止，你們已經有 3 個人進去了。今晚下一個演講者要進去的話就得付門票。」為了不延誤時間，馬克‧吐溫只好支付了門票錢，因為這是免得麻煩的最直接的辦法。

　　還有一次，馬克‧吐溫到一個小城市作演講。他想找一家旅館過夜，旅館服務臺上的職員請他將名字寫到旅客登記簿上。

　　馬克‧吐溫先看了一下登記簿，發現很多旅客都是這樣登記的，比如：拜特福公爵和他的僕人。

　　於是，馬克‧吐溫也寫道：「馬克‧吐溫和他的箱子。」

　　在演講之前，他還想先理理髮。主意打定後，馬克‧吐溫走進理髮店後，他坐下來等待理髮。這時，為他服務的理髮師問他：「你喜歡我們這個城市嗎？」

　　「啊！喜歡，這是一個很好的地方。」馬克‧吐溫說。

　　「您來得很巧，」理髮師繼續說，「馬克‧吐溫今天晚上要發表演講，我想您一定是想去聽聽囉？」

　　「是的。」馬克‧吐溫不動聲色地說。

　　「您弄到票了嗎？」理髮師關心地問道。

　　「還沒有。」

　　「這可太遺憾了！」理髮師聳了聳肩膀，兩手一攤，惋惜地說：「那您只好從頭到尾站著了，因為那裡不會有空座位。」

「對！」幽默大師說，「和馬克・吐溫在一起可真糟糕，他一演講我就只能永遠站著。」

　　這就是幽默大師的魅力，走到哪裡，快樂就帶到哪裡。在他的語言風格里，總是充滿了詼諧和幽默。他還很有自嘲的精神。善於諷刺挖苦一些不友善的朋友，也善於製造一些小小的快樂。即使別人對他充滿敵意，他也能巧妙地運用語言功力予以化解。

# 出版短篇小說集

　　馬克·吐溫準備在再次環球旅行前，先回聖路易斯向媽媽告別。1866 年 12 月，馬克·吐溫乘上「美利堅號」客輪，從舊金山起程，沿海岸南下，經由巴拿馬地峽和紐約回密蘇里。

　　在「美利堅號」船上，馬克·吐溫結識了奈德·魏克曼船長。船長是位飽經滄桑的老水手，待人熱情，心地善良。

　　馬克·吐溫很喜歡聽他講海上故事。後來，馬克·吐溫曾以這位船長為原型，塑造了一系列船長型人物，有時叫奈德·奧克利船長，或颶風·瓊斯船長，有時則叫斯托姆斐爾德船長。

　　船到巴拿馬地峽時，馬克·吐溫上岸，乘馬車橫過地峽，在加勒比海岸邊換乘「舊金山號」，繼續這一次航行。途中，他繼續履約給《阿爾塔·加州日報》寫游記。

　　重新開船後第二天，船上有兩名旅客死於霍亂，眾人頓時驚慌失色，一片混亂。後來船的引擎又出了故障，延誤了幾天。經過 12 天的艱難而危險的航行後，這艘只有傳染病的船終於抵達紐約。

　　在紐約，「西部粗俗的幽默家」馬克·吐溫的名氣遠遠不夠響亮。在朋友的支持下，他作了幾場演講，把自己對紐約的印象和各種新鮮的見聞寫下來，寄給《阿爾塔報》。

　　此前，馬克·吐溫匆忙去看望母親、奧利安和帕梅拉，順便重遊了他度過少年時光的漢尼拔、基奧卡克等地。

有一天，馬克‧吐溫在紐約的街道上散步，無意間看到關於組織赴聖地參觀旅遊團的啟事。這是實現周遊世界夙願的最好機會。不過，一張船票就高達 1,000 多美元。突然，馬克‧吐溫想出了一個好主意：請《阿爾塔報》聘任他為隨船特約記者，這樣就可以由報社為他支付旅費了。

　　當加利福尼亞州的《阿爾塔報》的董事會收到馬克‧吐溫的這一書面建議時，他們為這筆昂貴的旅費感到有些猶豫。但他們也十分清楚馬克‧吐溫旅遊夏威夷群島期間的採訪工作做得十分出色，在報業界留下了非常好的印象。

　　於是，《阿爾塔報》最終同意了馬克‧吐溫的請求。1866 年 5 月，馬克‧吐溫回到紐約，作些隨船遊覽訪問的準備。觀光船「貴格誠號」是 6 月初載著一群乘客從紐約起航的，旅途中充滿了愉悅和樂趣。

　　在這次旅行中，馬克‧吐溫發出了 50 篇通稿，其中 6 篇沒有收到，於是他又補寫了 6 篇，以履行合約。然後，馬克‧吐溫編了一個有關此行的演講稿，在舊金山舉辦演講，賺了一大筆錢。

　　後來，馬克‧吐溫又深入到鄉村去舉辦演講，結果是他被人家忘得一乾二淨，聽眾很少。馬克‧吐溫隨即對這種奇怪的情況作了一番了解，這才發現《阿爾塔報》的老闆已經把那 20 元一篇的通稿全部註冊為版權所有，並且威脅說，任何一家報刊如果轉載其中的一段，就要對其提出起訴！

　　此時馬克‧吐溫的處境就不妙了。因為他與哈特福的美國出版公司訂過合約，要幫該出版公司為這次旅行寫一本書。本來，

馬克‧吐溫打算把所有這些信都收進去。

後來，《阿爾塔報》的老闆麥克提出了一個折中方案，由他出版這本書，馬克‧吐溫抽 10% 的版稅。但馬克‧吐溫對這個折中辦法不滿意。因為書的銷售僅限於舊金山，版稅還不夠馬克‧吐溫三個月的飯錢。

而東部的合約如果能夠實現的話，對他更為有利，因為他在大西洋沿岸有一些聲譽，那是在紐約《論壇報》登了 6 篇旅行通稿，在《先驅報》登了一兩篇以後取得的成果。

結果，麥克同意停止發行他的書，條件是：在序言中，馬克‧吐溫必須感謝《阿爾塔報》放棄了它的「權利」，賜給他特許。但是，馬克‧吐溫極力反對這個感謝之說，最終對方只能作罷。

1867 年 1 月，馬克‧吐溫從舊金山來到紐約。在這裡，他邂逅了老朋友《紐約時報》記者查爾斯‧韋布。韋布建議他成書出版，並幫助他找到出版商。

但馬克‧吐溫不願意自己把小品文收集起來，於是韋布承擔了整理小品文的任務。他完成了之後，交給了馬克‧吐溫。隨後，馬克‧吐溫把書稿拿到了查爾頓的公司。

馬克‧吐溫找到了一個前臺，只見他俯身在櫃臺上，熱心地問馬克‧吐溫要什麼。但是，當他發現馬克‧吐溫是來賣書的，而不是來買書的，他的熱心程度就明顯下降了。

馬克‧吐溫恭恭敬敬地跟這個前臺說，要求跟查爾頓先生說句話。他冷冷地說，他在自己的私人辦公室裡。阻撓隨之而來，

但是隔了一陣，馬克‧吐溫勉強通過了界線，進入了查爾頓的辦公室。如果不是韋布為馬克‧吐溫跟查爾頓約定見一面，他是越不過那個界線的。

馬克‧吐溫一進門，查爾頓就站了起來，很衝地問道：「啊，有什麼需要效勞的嗎？」

馬克‧吐溫提醒他說，他是依照約定，送這本書來供出版用的。於是，查爾頓就開始自吹自擂。接著，他那個萬頃波濤之水往下直衝，前後達兩三分鐘，都是一些空話。

最後，他氣派地把右手一揮，指著整個房間說：「書嘛！看看這些書架！每個架子上都堆滿了等待出版的書。我還要書嗎？請原諒，我不需要了，再見。」

韋布得知這一情況後，對馬克‧吐溫說，全世界所有的查爾頓們也阻撓不了這本書的出版，他要親自出版這本書，版稅30％。隨後，韋布就這麼辦了，他把書印成藍底金字的封面，看起來很好看。

馬克‧吐溫為該書取的書名為《卡拉維拉斯郡著名的跳蛙和其它》。是在一家承印零星印件印刷廠裝訂，並透過美國新聞公司發行。

在這部書中，馬克‧吐溫繼承了美國南北戰爭期間廢奴派文學作品幽默、詼諧的傳統，顯示出了作者的幽默天才。

事隔 21 年後，盧塞恩‧查爾頓懷著深深的內疚，拜訪馳名美國的馬克‧吐溫。當時，馬克‧吐溫與家人在瑞士盧塞恩的施魏策爾霍夫。一見面，二人友好地握握手，沒有什麼客套，查爾頓

就說開了：「我是個微不足道的小人物。但是，我有這幾個重大榮譽足以使我揚名後世了。由於給你的一本書吃了閉門羹，我便成了 19 世紀無可爭議的頭號大傻瓜。」

馬克·吐溫說：「你的道歉聽起來十分悅耳、中意。這 21 年裡，我每年都要在幻想中殺死你好幾次，而且是採用新式的和越來越慘無人道的手段。但是現在我應該把你看成我個人珍貴的朋友，以後再也不殺你了。」

# 以機智解脫困境

當馬克‧吐溫沒有錢時，他便到華盛頓去，看看能不能在那裡找到工作賺些錢。

在華盛頓，馬克‧吐溫碰到了威廉‧斯溫登，他是一位歷史學家的兄弟。他們想出了一個相互支持，以維持生活的計劃。在他們名單上有 12 家報刊，都是週報，全是無名的，又分散在偏遠落後的地區。這些小報能有個駐華盛頓的通訊員，那是一件十分值得驕傲的事。

這 12 家週報，每家週報每天從馬克‧吐溫那裡收到兩篇通稿，每篇一塊錢。馬克‧吐溫與威廉每人每週寫一篇，複寫 6 次，給這些週報寄去。這樣就是每週 24 美元，用來維持生活，也就夠了。

馬克‧吐溫和威廉一起生活得很幸福，馬克‧吐溫認為，無論從天性上還是從教養上，威廉都是一個高尚的人。威廉是個紳士，他非常有教養。他是蘇格蘭人，是長老會的教友。威廉一點惡習也沒有，就是喜歡蘇格蘭威士忌。

但是這樣一來，在經濟上就不划算了。如果 24 美元一週，那真算是闊氣了。但是為了喝酒，他們總是覺得手頭有點緊。只要收入中有一筆晚了一點進帳，就會引起一些麻煩來。

有一次，他們需要用 3 美元，而且天黑以前就得有這 3 美元。威廉要馬克‧吐溫出去湊到錢，他說他自己也要出去，看看有什麼辦法。他絲毫不懷疑他們會湊到錢的。

## 以機智解脫困境

　　馬克‧吐溫很清楚，這是威廉的宗教信仰在發生作用。但是馬克‧吐溫可沒有信心。威廉勸慰馬克‧吐溫不用著急，他用簡單、堅定的口氣說：「上帝會給的。」在他們出門時，也幾乎深信上帝確實會給的。

　　馬克‧吐溫在街上逛了一個小時，邊走邊想著如何設法搞到這筆錢，可想破了腦袋，也沒想出一個辦法來。後來馬克‧吐溫走進了一家新旅館埃比特大廈的大廳裡，在那裡坐了下來。

　　過沒多久一隻小狗慢吞吞地闖了進來。牠停下來，東張西望了一眼，最後朝馬克‧吐溫張望了一下，那眼神彷彿在說：「你友好嗎？」

　　馬克‧吐溫用眼睛回答牠說：「我是友好的。」

　　只見這隻小狗搖搖尾巴，走過來，把下巴靠在馬克‧吐溫的膝蓋上，抬起棕色的眼睛，望著他的臉。牠真是一隻可愛的小狗，馬克‧吐溫禁不住敲敲牠光滑的棕褐色的腦袋，摸摸牠往下垂的耳朵，感到很快樂。

　　不一會，邁爾斯準將逛了進來。他一身藍制服，金肩章，顯得神氣十足。人人都以敬佩的眼光注視著他。邁爾斯看到了馬克‧吐溫身邊的這隻狗，便停住了腳步。從他的眼神中，馬克‧吐溫看出他對這樣的動物打從心底喜歡。

　　然後，邁爾斯走上前來，拍拍狗，對馬克‧吐溫說：「牠真好……很稀有，你肯賣嗎？」

　　此時，馬克‧吐溫大為激動，因為這正中他的下懷。於是，他回答說：「可以。」

將軍問：「你要多少？」

「3美元。」馬克·吐溫說。

將軍感到很吃驚，他說：「3美元？只要3塊？這隻狗非比尋常，至少得值50美元。要是我的話，100美元也不肯賣呢！我怕你不了解這狗的好處，你願意的話，價錢可以重新考慮一下，我不願意做對不起你的事。」

但是，馬克·吐溫仍十分平靜地說：「不，3美元，這是牠的價錢。」

「好吧，既然你堅持，那就這麼辦吧。」將軍一邊說，一邊給了馬克·吐溫3美元，把狗牽走了，上了樓。

大概10分鐘左右，一個文雅的中年紳士走了過來，四下張望著，還在桌子下邊和角落裡尋找著。這時，馬克·吐溫對他說：「你是找狗吧？」

一聽這話，這位紳士煩惱的臉色馬上高興起來，他回答說：「是啊！你看見了？」

「是的，」馬克·吐溫說道：「一分鐘以前還在這裡，我見牠跟了一位紳士走開了。我想，你要我找的話，我能替你找到他。」

紳士說他希望馬克·吐溫能幫忙找一找，說的時候，他的言語間充滿了感激之情。

馬克·吐溫說，他很樂意幫忙，不過既然要花一點時間，就需要他付點錢，希望他不要見怪。紳士說他非常樂意，並一再強調「非常樂意」這句話，還問他要多少錢。

馬克‧吐溫說：「3 美元。」

紳士一聽，大為詫異，他說：「天啊，這簡直算不得什麼！我給你 10 美元，我非常願意。」

但是，馬克‧吐溫說：「不，價錢是 3 美元。」說完，他便往樓上走去。因為，馬克‧吐溫認為，斯溫登說過這個數目上帝會給的。在馬克‧吐溫看來，如果比上帝允許的多拿一分錢，那就是褻瀆神明。

馬克‧吐溫走過旅館前臺的窗口，打聽到將軍的房間號碼，他便走到將軍的房間。看到將軍正在撫弄這隻可愛的小狗，顯得很高興的樣子。馬克‧吐溫對將軍說：「非常抱歉，我得把狗要回來。」將軍感到很奇怪，便說：「要回？可是這是我的狗啊，是你賣給我的，還是你定的價啊！」

馬克‧吐溫說：「是的，不錯……不過我得要回，因為那個人又想要牠了。」

「誰？」將軍問。

「狗的主人，這狗不是我的。」馬克‧吐溫坦率地對將軍說。

將軍比剛才更加感到詫異了，他一時間說不出話來。然後將軍說：「你的意思是說，你把人家的狗出賣而且是明知的？」

「是的，我知道這不是我的狗。」馬克‧吐溫說。

「那麼你為什麼賣呢？」將軍疑惑地問。

馬克‧吐溫說：「是啊，你問的是個怪問題。我賣牠，是因為你要買這隻狗，這你不能否認。我並不急於賣，我甚至連想也沒有想到要賣，不過在我看來，如果這對你方便的話。」

最終，將軍也被馬克·吐溫給說糊塗了，於是他說：「別用那套白痴般的理論把我的腦袋搞得稀里糊塗啦！拿去，讓我清閒一下。」這樣，馬克·吐溫還給將軍 3 美元，把狗牽下了樓，交給了他的主人。為了這個麻煩，馬克·吐溫收下了紳士 3 美元。

隨後，馬克·吐溫心安理得地走開了。馬克·吐溫認為，他賣出去的 3 美元，他是絕不肯花的，因為那不是真正屬於他所有的。但是，把這條狗交還給原來的主人所得的那 3 美元，理當歸他所有，因為那是他賺來的。

因為，要不是馬克·吐溫看到小狗的話，那個人很可能根本要不回這隻狗。馬克·吐溫堅守著永遠不使用以可疑的方式得來的錢，這是他做人的原則。

# 幸福美滿的婚姻

　　1867 年 6 月，馬克‧吐溫搭乘「貴格號」遊覽船駛向地中海。他打算做一次遠航，可是由於旅途生活的乏味，他於 11 月就回到了紐約。不過這次航行使馬克‧吐溫有了一個意外的收獲。在遊覽船上，他透過照片，第一次見到了後來陪伴他 30 多年的忠實伴侶歐麗維亞‧蘭登。

　　那是在 1867 年 9 月的一天，「貴格誠號」正通過土麥拿海灣，駛向土耳其的伊士麥城，馬克‧吐溫信步來到旅途中新結識的朋友查理‧蘭登的房間。查理是紐約州埃爾邁拉大富豪傑維斯‧蘭登的兒子。傑維斯‧蘭登想叫他 18 歲的兒子出來見見世面，便讓他參加了觀光團。

　　在船上，馬克‧吐溫那飽經風霜的外表、幽默家的談吐氣質，以及他說的那些故事，都對查理產生了很大的吸引力，令他十分欽佩，很快他們就成了好朋友。

　　那天下午，當馬克‧吐溫走進查理的房間時，查理熱切地把他讓進去。在閒聊中，查理給馬克‧吐溫看了一張他姐姐歐麗維亞的相片。瞬間，馬克‧吐溫就被歐麗維亞那秀美的面龐俘獲了心，一時間無法忘懷。

　　返航後，馬克‧吐溫接受一位在內華達時認識的朋友 —— 議員斯圖亞特的邀請，到華盛頓給他做祕書。在做過一段時間後，他找個藉口辭職去做記者，在華盛頓給一些報紙寫稿。

1867 年 12 月 27 日，馬克‧吐溫去紐約參加一位朋友舉辦的酒會，恰巧查理和他的父親、姐姐也來參加了。查理決定讓馬克‧吐溫結識一下自己的父親和姐姐。馬克‧吐溫真是興奮之極。

　　歐麗維亞和馬克‧吐溫想像的幾乎一樣：一個 22 歲的嬌小女孩，浮雕似的面龐上嵌著一雙晶亮的眼睛，舉止端莊。她是家中的寶貝，因為在蘭登家人看來，她是一個苦命的人。6 年前，她在冰上摔了一跤，傷得很重，引起了局部癱瘓，成了一個病人。從此，歐麗維亞一輩子就再也沒有康復起來。

　　在摔了這一跤之後，歐麗維亞有兩年的時間不能下床，除了臉朝上躺著以外，也不能以別的姿勢睡覺。在那段時間裡，請遍了名醫到埃爾邁拉來給她治療，都沒有什麼效果。

　　有一天，蘭登家的一位親戚安德魯‧蘭登來到家裡，對蘭登先生和夫人說：「你們現在可以試一試牛頓醫生那個吹牛大王。他來了，住在拉思本大廈。幫有錢人看病會收高額費用，幫窮苦人家看病不收費。我親自看見他在傑克‧布朗的腦袋上揮揮手，然後拿走了他的拐杖，讓他做他的事去，就像什麼病也沒有一樣。把牛頓請來吧！」

　　隨後，牛頓被請到了蘭登的家。他看到年輕的歐麗維亞躺在床上，在她躺著的上邊的天花板上，掛下了一具轆轤。目的是希望靠這個設備，可以讓她隔一陣坐一會。可每次想讓她坐起來，都會引起她噁心，搞得筋疲力盡的，因此不得不作罷。

　　牛頓把關了好久的窗戶打開，做了一番短短的禱告後，然後

## 幸福美滿的婚姻

把一隻手臂放在歐麗維亞的肩上，說道：「我的孩子，現在我們要坐起來了。」

全家人真是嚇壞了，想要阻止他。可是牛頓還是把歐麗維亞扶了起來，她坐了幾分鐘，既不噁心，也沒有感到不舒服。然後，牛頓說：「現在我們要走幾步，我的孩子。」

牛頓扶著歐麗維亞下了床，然後扶著她走了幾步。這時，牛頓說：「我的本領只能做到這種地步了，她還沒有治好，她不像能治好的樣子，她永遠也走不多遠。不過，如果每天練一練，她能走一兩百公尺，她終生都能這樣。」

牛頓醫生要 1,500 美元，但實際上值 10 萬美元。因為，歐麗維亞從 18 歲那天起，直到 56 歲，她總能走幾百公尺，不需要停下來休息。馬克‧吐溫曾不止一次地看見自己的愛妻歐麗維亞能走 400 公尺的路，但她卻並不感到疲勞。

歐麗維亞雖然能夠重新站起來走動了，但她仍不是很健壯，家人都把她當做病人看待。

在見到歐麗維亞後，馬克‧吐溫一下子被她深深地迷住了，他不由自主地墜入了愛河。

沒等馬克‧吐溫登門拜訪，他便再次見到歐麗維亞了。那是在初次見面後的一個星期左右，馬克‧吐溫在元旦期間去一位朋友處做客，正巧歐麗維亞也在。他便不顧禮節地在那裡一直待到午夜才離開。

不久，馬克‧吐溫滿懷信心地向歐麗維亞求婚，結果被潑了一頭冷水。歐麗維亞是一個矜持、謹慎的女孩，她生長的家庭環

境和她自大病以來所受到的特殊保護，讓她無法答應他。

歐麗維亞的父親傑維斯白手起家，他從一開始在鄉村受人雇用開始，一步步取得現在的地位，成為布法羅一座煤礦的主人。他一貫待人誠懇，且個性直率、意志堅定，既慈祥溫和，又令人生畏。

歐麗維亞的母親奧莉亞・劉易斯・蘭登，是一個剛直而又有點陰鬱的人。他們對子女管教很嚴。一家人都篤信宗教，厭惡人講粗話，特別反對抽菸和酗酒。這樣一來，馬克・吐溫的言行舉止，以及對宗教的蔑視等，都不符合他們的要求。

但是，馬克・吐溫是認真的。他想辦法與歐麗維亞保持聯繫，兩人經常互相通信。這時，馬克・吐溫在一個專門承辦演講機構的安排下，與一群當時非常有名的演講家一起，在中西部演講。但無論在哪裡，他都不忘給歐麗維亞寫信，向她傾吐自己的愛戀之情。每隔一段時間，馬克・吐溫就去埃爾邁拉一次，向歐麗維亞和她的家人展示自己的真誠。

隨著演講的繼續，馬克・吐溫的名聲也越來越響，他在埃爾邁拉的運氣也越來越好。有一回，他從查理那裡搞到一份邀請書，在埃爾邁拉逗留了一個禮拜。在實在找不到辦法延長逗留時間時，馬克・吐溫只好準備離開埃爾邁拉，前往紐約。

此時已是晚上八九點鐘，天已經黑了。在蘭登家的大門外停了一輛雙馬敞篷馬車。此時，馬克・吐溫的箱子已經放在馬車上了，車伕巴尼手握馬鞭子坐在前座。馬克・吐溫在門廊上跟蘭登一家人告別，隨後查理和他走了出來，上了馬車。他們兩個人坐

## 幸福美滿的婚姻

在馬車伕後面的座位，這是臨時給他們安排的馬車，並沒有扣緊。但是馬克‧吐溫和查理不知道，查理正抽菸，巴尼把馬鞭子輕輕碰了碰馬，誰知馬突然往前一跳，查理和馬克‧吐溫從車子後面被甩了出去。

在一片黑暗中，查理雪茄菸頭上的一點紅光在空中劃了條曲線，馬克‧吐溫看得很清楚。馬克‧吐溫被甩出去之後，先是直挺挺地站了一會，然後倒在了地上，「昏迷」了過去。

馬克‧吐溫假裝昏迷真是太像了，那是圓石砌的小溝，正在修理之中。而他的頭部碰到4塊圓石連結成的凹進去的地方，凹下去的地方填滿了新的沙子，剛好成了一個墊子。馬克‧吐溫的頭部並沒有碰到任何一塊圓石，他沒有跌傷。

但是查理可跌得不輕，可是他只關心馬克‧吐溫。蘭登先生一家人驚恐萬狀地圍攏上來。

馬克‧吐溫很害怕他的假裝昏迷被發現，從而縮短他做客的時間。由於他身體很重，因而需要蘭登先生、西奧多和查理一起用力，才把他拖進了屋裡。

馬克‧吐溫知道，這就是很大的勝利，他只要進屋，就可以確保在休養的這一段時間裡，成為歐麗維亞家的累贅。

因為這一意外事故，馬克‧吐溫在蘭登家多住了3天，受到歐麗維亞精心的照顧。在此期間，歐麗維亞漸漸喜歡上了這個樂觀、幽默的青年。他終於獲取了歐麗維亞那猶猶豫豫的愛情，將求愛計劃向前推進了一步。但因為她父母仍未表態，所以還需要努力。

馬克‧吐溫雖然一再在信中向歐麗維亞保證要改掉惡習，而且確實改掉了許多，但是傑維斯不會輕易將心愛的女兒嫁給一個身分地位低下，品行、前途都不甚明了的人。

　　緊張的演講活動仍在繼續著。有一回在東部，馬克‧吐溫下榻的地方離埃爾邁拉不遠，他就不停地登門造訪蘭登先生。蘭登宣布暫時休戰，並表示他們必須在取得值得信賴的人對他的品行作出評價後才能定奪。

　　於是，馬克‧吐溫提供了一份 6 個人的名單，他們全部是舊金山的重要人物，包括兩名傳教士。蘭登告訴馬克‧吐溫，在未收到那些人的回信前，請他不要再上門求婚。

　　在 1869 年初，回覆陸續來了。傑維斯派人找到馬克‧吐溫，與他進行一次單獨的交談。馬克‧吐溫看完信後，心一下子就全涼了。他萬萬沒有料到，幾位朋友在信中有的說他嗜酒成性，必將爛醉而死。有的為了顯示與他的關係密切，竟把他小時候的惡作劇也寫出來了。

　　證明人不僅不贊成，而且提起了馬克‧吐溫的各種「罪過」。其中一位教士說馬克‧吐溫將來會「填補醉鬼的墳墓」。這時，馬克‧吐溫才發現，沒有一個給自己說好話的朋友。

　　談話因此停下來了，房間裡籠罩著悲涼、肅穆的氣氛。好一陣子，兩個人都沒有說話。後來，蘭登先生抬起頭來，用明亮坦率的眼睛盯著他，說：「這是些什麼人呢？你難道連一個朋友也沒有嗎？」

　　「顯然是沒有。」馬克‧吐溫說。

## 幸福美滿的婚姻

蘭登一邊推開面前的那些信件，一邊說：「我決定，我做你的朋友。你把女孩娶走吧。我比他們更了解你。」

馬克·吐溫的命運就這樣戲劇性地決定了。於是他開天窗說亮話。他談起了自己在西部的生活情況，親切、熱烈地提到《維吉尼亞城企業報》的主人喬·古德曼。

蘭登問：「啊！他彷彿是你的朋友啊！是嗎？」

「是的，我最好的朋友。」馬克·吐溫說。

「那麼你當時究竟是怎麼想的？為什麼沒有對我提起他呢？」蘭登問。

「因為他一定會和別人一樣徹底地撒謊。人家光講我邪惡，古德曼會光講我的美德。你要的當然是沒有偏見的證明。我知道，這你從古德曼那裡是拿不到的。我確實相信，你從別處可能拿得到，可能你也已經拿到了。不過，當然不像我所希望的那樣誇獎一番。」

經過一番周折之後，1869 年 2 月 4 日，馬克·吐溫終於和心愛的女孩歐麗維亞訂婚了。訂婚戒指很普通，但金子的重量很重，裡面刻著訂婚的日期。一年以後，馬克·吐溫從她手上拿下來，準備改為結婚戒指，把結婚日期刻在裡邊，即「1870 年 2 月 2 日」。從此以後，這只戒指一刻也沒有離開過歐麗維亞的手指。

在訂婚後的第二天，馬克·吐溫向家人報喜，在信中，他說：「我寫這封信是要告訴你們，昨天，2 月 4 日，我已正式地、莊重地、不可改變地和紐約埃爾邁拉歐麗維亞小姐訂婚，她是傑維斯和奧莉亞夫婦的唯一的女兒，現年 23 歲半。她是全世界最

好的女孩，是最聰明的。我為她感到無比的自豪。」

　　與歐麗維亞訂婚後不久，馬克·吐溫被聘為加利福尼亞《聖壇報》記者，對歐洲進行了長達 5 個月的採訪。此間，他寫了大量旅途通稿寄回國內，發表在《聖壇報》上，轟動一時。

　　回國後，美國哈特·福德的出版公司同馬克·吐溫商量，要把他在國外寫的通稿彙集出版。他欣然同意，並著手準備。不料《聖壇報》根本沒有徵求他的意見，搶先把已發表在該報紙上的 50 多篇通稿彙集起來，以《傻子國外旅行記》為題，出版發行了。

　　馬克·吐溫非常生氣，他痛斥《聖壇報》老闆為「小偷」。同時訴諸法律，但毫無結果。馬克·吐溫最終只好承認了該書的出版。在這本散文集裡，馬克·吐溫以幽默的筆調，嘲笑了北方資產階級富有者的蠢笨。這些「田僑仔」是一幫呆頭呆腦的角色。他們知識貧乏，對歐洲古老文化一竅不通，但卻裝作博學的樣子，信口開河地大發議論，出盡了洋相，鬧出了不少笑話。

　　《傻子國外旅行記》出版後，旋即暢銷全國。馬克·吐溫在美國文壇嶄露頭角，被譽為「第一流的美國作家」、「我們文學上的林肯」。

　　馬克·吐溫和歐麗維亞雖然訂婚了，但是在 1870 年 2 月 2 日正式結婚前，馬克·吐溫還經受了多重的嚴峻考驗。

　　馬克·吐溫是一個酷愛自由的人，但迫於蘭登夫婦和歐麗維亞的壓力，只得按照他們的要求辦，盡量改掉說粗話、喝烈酒、不進教堂的壞習慣。

### 幸福美滿的婚姻

可是，他還有抽菸的嗜好。抽菸是他怎麼也不願放棄的。於是，他聽到不少關於抽菸這個問題的壞話，他忍受不了，於是就對歐麗維亞抱怨，想獲取她的諒解。但是歐麗維亞的讓步同樣是有限的，於是馬克·吐溫試圖作些改變，減少抽菸的支數。

剛開始時，效果還不錯，但是一星期後他就抵擋不住誘惑。他想了一個辦法，在每天抽菸支數不增加的情況下，用自己定做的特大號菸代替了一般的菸。這樣一來，他又毀了誓言，成為了一個自由人。

訂婚後，馬克·吐溫仍在全國各地往返穿梭地進行演講，給眾人講故事，但他從不忘記給自己的心上人隨時寄去思戀之情。

在相識到結婚的一年多的時間裡，馬克·吐溫共給歐麗維亞寫了 184 封情書。在最後一封裡，馬克·吐溫說，歐麗維亞的回信像是陽光，能帶來心醉神迷的感覺，能消除他生活中其他事件帶來的不愉快。他還深情地向將留下一段甜蜜回憶的情書道別。

馬克·吐溫一舉成名後，出版商紛沓而至。他的經濟狀況開始好轉。在徵得蘭登先生同意後，1870 年 2 月 2 日，馬克·吐溫與歐麗維亞結婚了。婚禮是在蘭登的宅邸舉行的。

此時，馬克·吐溫剛剛被聘為《布法羅快報》的編輯。因此，舉行完婚禮的第二天，他們就乘專車去布法羅。同行到布法羅的有蘭登全家，還有比徹家和特威切爾家的人，他們參加了婚禮。

馬克·吐溫對布法羅一無所知，因此，他透過給一個朋友去信，請他給安排了一個家。馬克·吐溫要求這個朋友給他們找一

個公寓，要他的編輯低薪能負擔得起，又像個樣子的公寓。

晚上21點，朋友在布法羅的車站上接他們。同行的人分坐幾輛雪車，然後，他們幾乎走遍所有的大街小巷。因此，馬克・吐溫毫不客氣地責怪了這位朋友，責怪他怎麼找了一個沒有確切地址的公寓。

當然，這其中有個計謀，新娘歐麗維亞是知情的，而馬克・吐溫卻被蒙在了鼓裡。

歐麗維亞的父親蘭登先生，在特拉華大街上給他們買下了一座新房子，並且把家裡都布置好，還安排了一位廚師，幾個女僕，一個年輕車伕，他是個愛爾蘭人，叫派翠克・麥卡勒。而他們在全市四處遊蕩，就是為了讓一輛雪車的人能有時間先趕到新房去，把煤氣灶點起來，把大家的晚飯準備好。

後來，馬克・吐溫他們終於到家了。一進門，馬克・吐溫感覺像是走進了一個仙境，但此時還不知道內情的馬克・吐溫沒有感到絲毫的高興，而是憤怒到了極點。他不留情面地責怪朋友做得這麼蠢，把他們安頓在這樣一個他根本無力負擔的公寓裡。

這時候，蘭登先生拿出了一隻精緻的盒子，從裡面拿出這座房子的出讓契約。一場喜劇就這樣高高興興地收場了。

歐麗維亞雖然體弱多病，但是她對丈夫的體貼卻細緻入微，不辭辛勞地操持家事，還幫助丈夫整理文稿，接見來訪的客人。

在馬克・吐溫的心目中，歐麗維亞一直是他最理想的伴侶。在妻子的體貼、幫助下，馬克・吐溫邊從事新聞活動，邊勤奮地寫作。

# 創作思想走向成熟

馬克‧吐溫和妻子一起，生活得很幸福。一次，馬克‧吐溫對朋友開玩笑說：「如果娶了親的人都像我這些日子這樣幸福，那我就要為我白活了 30 年而惋惜。要是我能從頭活起，那我一定就在嬰兒時期結婚，免得浪費時間。」

面對全新的生活，馬克‧吐溫顯得信心十足。他全身心地投入到《布法羅快報》的編輯工作中去，同時創作一些短篇小說，到紐約的雜誌投稿。

在這段時間裡，馬克‧吐溫寫了《田納西的新聞界》、《競選州長》、《神祕的訪問》、《高爾密斯的朋友再度出洋》等著名的短篇小說。

這些作品是馬克‧吐溫在一種所謂「普遍和平」與「樂觀主義」氣氛中創作出來的。它們雖然對美國社會現實進行了冷嘲熱諷，但是又對資本主義制度抱有幻想。作品充滿輕鬆而柔和的調子。

《競選州長》是馬克‧吐溫早期短篇小說的代表作，是揭露美國「民主選舉」制度的著名短篇。

主角以獨立黨代表資格參加了紐約州州長的競選。可是，出他所料，參加競選的共和黨和民主黨控制了輿論。他被扣上「偽證」、「竊屍」、「舞弊」等罪名，並在公眾面前受到人身攻擊，使他狼狽不堪，不得不聲明退出競選。

馬克・吐溫抓住競選活動的一個側面，對美國「民主選舉」的虛偽進行了深刻揭露。小說言簡意賅、潑辣有力、富有戲劇性。他用誇張、諷刺的藝術手法，對資產階級競選中的舞弊行為和虛偽民主進行了辛辣的嘲諷，成為美國政治生活中一幅絕妙的諷刺畫。

　　作品中的那個民主黨候選人霍夫曼是現實生活中的紐約州州長霍夫曼的藝術再現。這個在現實生活中家財萬貫的鐵路大王操縱著紐約乃至美國的政治命運。馬克・吐溫敢於向這個大人物挑戰，表現出了他的非凡膽識。

　　在《高爾密斯的朋友再度出洋》中，馬克・吐溫描寫了一個旅美華工在美國的悲慘生活。艾頌喜，一個中國平民，聽說美國「人人平等」，於是一路上受盡折磨，最後總算登上美國「自由」土地。

　　然而，在經過海關時，海關檢查並沒收了艾頌喜的全部行李和僅有的十塊錢，目的是要給已得過天花的他接種牛痘。在他等待分派工作的時候，美國巡捕以「破壞公共秩序」的罪名，一腳將他踢進了牢房，並惡狠狠地說：「就讓你在這倒楣吧，你這外國醜八怪！你遲早會明白美國是沒有容納你和你們那種民族的餘地的。」

　　至此，艾頌喜的天真幻想在現實面前徹底破滅了，所謂「自由之邦」不過如此。

　　《競選州長》、《高爾密斯的朋友再度出洋》，以及此後的《鍍金時代》都是成功之作，它們代表著馬克・吐溫的創作進入

## 創作思想走向成熟

了一個新的階段。

1870 年 8 月，傑維斯・蘭登因患胃癌去世。喪父之痛給歐麗維亞相當沉重的打擊。她原本虛弱的身體變得更加憔悴。這一年的 11 月 7 日，她生下一個早產兒，取名蘭登。蘭登是他們的第一個孩子，也是他們唯一的兒子。孩子生下來時很瘦弱，讓人擔心。

經過一段時間，馬克・吐溫漸漸對編輯報紙感到厭倦。於是夫婦兩人賣掉房子，撤出報紙的股份，於 1871 年 10 月搬到哈特福。哈特福是康乃狄克州的一個小城市，位於美國當時最大的工業和貿易中心紐約與波士頓之間。這個小城市被譽為富人之城，美國最富有的企業中，有半數都是用哈特福的資金創立的。

馬克・吐溫一家遷來此地後，暫時住在租來的房子裡。為了還清辦《布法羅快報》欠下的債務，馬克・吐溫於年底開始進行又一輪的巡迴演講。

對於馬克・吐溫作巡迴演講，歐麗維亞感覺很傷心，但又很無奈。她一個人拖著病弱的身體，餵養一個體弱的孩子，何況這時她又懷了孕。她多麼希望丈夫能留在身邊啊！

對妻子在信中的一再抱怨，馬克・吐溫回信說：「我實在很不喜歡演講，今後我一定盡量少接這個工作。演講是討厭的事，可是終究會結束的，然後我就要和親愛的相見了。我多麼愛妳，愛妳，愛妳啊！」

馬克・吐溫在信中還不時地稱演講是「講道」。馬克・吐溫是個要強的人，他要成為名人，要過上優越的生活，他堅信自己能做得到。

1872 年 2 月，演講結束後，馬克·吐溫回到家中，準備出版他的第二本書《艱苦生涯》。這本書是馬克·吐溫在前一年的夏天，在埃爾邁拉的農莊完成的。

　　《艱苦生涯》記述的基本上是馬克·吐溫在 1861 年至 1866 年間遠走西部的真實經歷，從他和奧利安登上馬車橫穿大陸到內華達寫起，直至他從夏威夷採訪回到舊金山發表前幾次演講為止。書中穿插了許多在礦工中間傳講的幽默故事，也寫了那些淘金者，包括他自己的狂熱心理和艱苦的生活。

　　該書問世後大受歡迎，但馬克·吐溫不再感到揚揚得意了，因為他的目標不是做一個只會引起眾人幾聲笑聲的幽默作家。

　　關於「幽默作家」這個稱謂，馬克·吐溫有自己的見解，他認為「純」幽默作家是不可能長久存在的。幽默只是一種香味，一種裝飾。

　　有人說，一本小說純粹只是一種藝術品，僅此而已。馬克·吐溫說，在小說裡，你絕不要布道，絕不要說教。而幽默並非如此，幽默絕不可以以教訓人者自居，以布道者自居，可是如果它要流傳下去，必須兩者兼而有之。

　　在出版《艱苦生涯》之前，馬克·吐溫寫信請布利斯來商量。布利斯隨即來到埃爾邁拉。馬克·吐溫跟布利斯說，他不想離開他這個公司，也不想提出過高的條件。馬克·吐溫說，除成本外，自己應得到利潤的一半。一聽這話，布利斯便興奮地說應該如此。

　　布利斯回到旅館，把合約擬好後，在當天下午就帶著合約來

## 創作思想走向成熟

到馬克·吐溫的家。馬克·吐溫發現，合約上並沒有寫上「利潤的一半」，而是寫 7.5% 的版稅。

對此，布利斯解釋說，7.5% 的版稅剛好代表了利潤的一半，還略多一些。這是以賣掉 10 萬冊計算的。要是在 10 萬冊以上，出版公司的那一半才會比他所得的略多一點。

馬克·吐溫對他這樣的解釋有點懷疑，於是便問布利斯能否發誓。布利斯馬上伸出手來發誓，把他剛才說的話一字不差＋漏地重複一遍。

馬克·吐溫用了 10 多年的時間才知道，布利斯的發誓是假的，7.5% 還抵不上利潤的 1／4。可是，在這段時間裡，馬克·吐溫有幾本書都是交給布利斯出版的，抽版稅 7.5%，大部分利潤都被布利斯騙去了。

1872 年，《輕裝旅行》出版。馬克·吐溫在這部作品中，描寫了在西部旅行的情況和在那裡當礦工的經歷。書中充滿了邊疆開拓精神與粗獷的幽默。這裡我們可以看到當時流行的誇張性故事、冒險經歷與生動的人物素描。這一切都為今後盛行不衰的西部小說和電影提供了典型。

1872 年 3 月 19 日，馬克·吐溫的第二個孩子歐麗維亞·蘇西·克萊門斯降生了。她是馬克·吐溫最喜歡的孩子。但此後不久，兒子蘭登卻因病夭折了。

馬克·吐溫夫婦在哈特福生活的開銷很大。本來馬克·吐溫打算婚後物質生活有了保證，他就不必再為錢而寫作了，只寫一些他喜歡寫的東西就可以了。可是此時看來，他卻不能不為巨額

的家庭開銷想辦法了。

1872 年 8 月，馬克·吐溫一家去了英國，馬克·吐溫一邊四處遊覽，一邊發表演講。回國後，馬克·吐溫即開始著手寫部長篇小說。當時和馬克·吐溫毗鄰而住的是查爾斯·達德理·華納，他曾寫過幾本小說和游記。

一天晚上，他們在一起吃飯，席間聊起當時流行的小說，兩人大發牢騷。兩位夫人，即歐麗維亞和蘇珊·華納就鼓動他們說，與其品頭評足空發議論，不如動手創作。於是，兩位丈夫接受了挑戰，決定合作寫部時事小說。

議定好情節發展框架後，馬克·吐溫和華納便分頭寫作。1873 年初的那幾個月，他們幾乎每晚都要見面商量，向兩位女士朗讀各自所寫的章節，聽取意見。經過約四個月的艱苦創作後，書稿完成了。

小說圍繞內戰前的邊疆生活，戰後的議會活動、法庭審判和建設城市、修築鐵路、開採煤礦、創辦大學等事件展開情節，詳實地描寫了 19 世紀 70 年代初美國的現實生活，揭露了美國社會中的政界、商界、法律界、新聞界的種種劣跡和營私舞弊的黑幕。書中還成功地塑造了兩位鮮明的人物形象：塞勒斯上校和狄爾沃綏參議員。

這部小說在結構安排與文體風格上有不足之處，但主題是統一的，借對當時社會上種種黑暗腐朽風氣的描寫，抨擊所謂的「黃金時代」。它讓人們看出，在一片繁榮景象掩蓋下的醜行劣跡和金光閃閃的外殼下的汙泥濁水。

## 創作思想走向成熟

馬克·吐溫和華納給這個時代取了個恰當的名字，即「鍍金時代」。這一句同後來一直被歷史學家們用來專指美國 1870、80 年代的特定歷史時期，其真實性、準確性可見一斑。

關於人物的名字，還有個小插曲。馬克·吐溫和華納當初給塞勒斯取名艾旭爾·塞勒斯，誰知出書廣告登出後，真有一位同名者找上門來，這位拒絕受傷害的紳士命令他們立刻把名字改掉。他們只好從命，改成了伯瑞亞·塞勒斯。

這是馬克·吐溫的第一部長篇小說，涉及的生活面非常廣闊，對現實的透視和挖掘較之以前寫作的短篇小說更加深入，對政治投機和商業投機的諷刺打擊更加尖銳準確，是一部針砭時弊的佳作，代表著馬克·吐溫的創作思想正走向成熟。

《鍍金時代》在 1873 年出版時，正值美國國內發生經濟危機，書中所寫的一切都清楚地暴露在人們面前，在全國引起了很大的震動。書的首刷很快銷售一空。

《鍍金時代》給馬克·吐溫帶來了一筆可觀的收入。而當他手中寬裕起來，他立刻想到該像他的街坊鄰居一樣，過著豪華優雅的生活。當年，馬克·吐溫就在哈特福買下了一塊地皮，設計興建了一座引人注目的別墅。

房子是磚砌的三層塔式建築，照馬克·吐溫力求舒適的要求，開了許多扇窗戶。房間裡的光線非常充足，空氣十分暢通，每扇窗的外面都有一番景緻。屋內裝飾物不是很多，顯得輕巧而不笨重，展現了主人實用主義的眼光和觀點。

在書房旁邊還有一個漂亮的撞球間，每當馬克·吐溫枯坐太久時，可以去裡面打打撞球，活動筋骨。隔壁是個溫室，裡面養

著許多花草。當花朵綻放的時候，其他屋子裡會瀰漫著香氣，這些又使屋子充分顯示出一種浪漫情調。

然而，所有這一切，都令當時的建築師們惱火，他們指責馬克‧吐溫不尊重維多利亞式的風格。在今天看來，馬克‧吐溫的獨特設計和安排，在當時代表了一種革新的意識。

不僅房子裝潢豪華，他的家還是個賓朋雲集的地方，許多作家文人、演員、教授都是他的座上賓。來自各地的記者和求教的青年也不時前來拜訪，就一些問題討教一番。馬克‧吐溫成了哈特福乃至全國最受人矚目的人物之一。

此時，馬克‧吐溫在文壇上站住了腳跟，成為小有名氣的年輕作家。他的幾本書不斷地給他帶來豐厚的稿費和版稅，他成為了英美兩國社會的名流，時不時收到人們的演講邀請，所到之處都受到規格相當高的接待。

馬克‧吐溫有了自己漂亮的居所，又有一個和睦安寧的家。他可以鎮定自若地發掘自己的創作才華，朝更高的目標邁進了。

# 懂得「剽竊」的內涵

1872 年，維吉尼亞城的古德曼先生到美國東部來。有一天，馬克‧吐溫和古德曼在百老匯大街上走著。

突然，古德曼對馬克‧吐溫說：「你怎麼剽竊了奧利弗‧溫德爾‧霍姆斯的獻詞，把它寫進你的書裡？」霍姆斯是美國作家。

馬克‧吐溫漫不經心地給了一個含糊其詞的回答，因為他以為古德曼是在和他開玩笑。因為他從來沒有剽竊過任何一個作家的任何文章。他以為古德曼是在試探他。不過，古德曼強調他是認真的。古德曼說：「我並不是要討論你究竟有沒有剽竊的問題，我們到前面的書店就可以解決這個問題。我要問的是，你怎樣剽竊的，我感到好奇的是這個。」

但是，馬克‧吐溫無法回答這個問題，因為他發誓說自己沒有剽竊過任何東西。在心裡，馬克‧吐溫以為古德曼把另一本書錯當做他的書了，從而使古德曼自己陷入了尷尬的境地。

隨後，他們走進了一家書店。古德曼向書店要一本《傻子國外旅行記》和一本講究的藍底金字的奧利弗‧溫德爾‧霍姆斯的詩集。古德曼打開書，把獻詞找了出來，然後說道：「讀一讀看，很明顯是第二個作者剽竊了第一個作者的話，是不是？」

馬克‧吐溫一時間嚇得說不出話來。他們繼續往前走，可對於古德曼先生剛才提出的問題，馬克‧吐溫無法提供任何解釋，因為他實在記不起自己曾見過霍姆斯的獻詞。他知道霍姆斯的詩，但是對於獻詞，他還是剛剛才見到的。

馬克・吐溫對此一直百思不得其解。直到幾個月之後，他才弄清楚是怎麼一回事。

　　馬克・吐溫收到牧師賴辛博士的一封信。在這封信裡，賴辛博士提到了 6 年前，他們在夏威夷群島上遇到的某些事情。在談別的事情時，他提到了檀香山旅館裡文學書籍非常缺乏的情況。起初，馬克・吐溫不理解這句話的用意所在。可是，他突然理解了，在柯克霍夫先生開的旅館裡只有一本書，那就是霍姆斯藍底金字叢書的第一卷。馬克・吐溫有兩週的時間熟悉書中的內容。因為他騎在馬背上，周遊了夏威夷。夏威夷天氣比較炎熱，馬克・吐溫穿著馬褲騎馬，騎得太久了，屁股上就長了不少鞍瘡。如果每個瘡都要付稅的話，他就得破產了。

　　於是馬克・吐溫不得不待在房間裡，衣服也不能穿，長達兩週時間，只感到陣陣疼痛。在這難熬的一段日子裡，除了雪茄和那一卷詩集外，沒有別的朋友。於是，馬克・吐溫便經常讀這卷詩集，爛熟於心。

　　從此，這本詩集的全部內容在不知不覺之中就被馬克・吐溫的大腦保存在朦朧的記憶之中，然後到了需要獻詞的時候，它便自動地跑出來了，可馬克・吐溫卻想當然地認為，那是他自己美妙的幻想的產物。

　　馬克・吐溫此時還不懂得人類心理的奧祕，對他來說還是一本沒有打開的書。他愚蠢地把自己看做是一個頑固的而又無可原諒的罪人。於是，他給霍姆斯博士寫了一封信，把這件丟人的事講出來，並以充滿熱情的語言請他相信，自己不是故意犯這個罪孽的。

## 懂得「剽竊」的內涵

很快，霍姆斯博士就回了信。在信中，霍姆斯對這件事的全部經過，善意地大笑了一番。他對馬克·吐溫說，無意識的剽竊何罪之有。他說世上每一個寫字的或者說話的活著的人，天天在這麼做，而且不只是做一兩次，而是只要一張嘴就這麼做。

霍姆斯博士還說，人們的用詞，從精神上來說，可說是我們閱讀的東西透過各種各樣的渠道投射下來的影子。我們用的得意的詞彙，其實絕非來自於我們自己。

屬於我們自己的，無非只是依照我們的脾氣、個性、環境、教育與社會關係而作的一些微小的修改而已。只是這麼點修改，使之區別於別人的表達方式，打下了我們特有風格的烙印，暫時算作是我們自己的東西。進而片面地認為，幾千幾萬年來世世代代的人們所說的，只不過是一些陳詞濫調而已！

在讀到霍姆斯博士的這封信後，幾十年過去了，馬克·吐溫自己也深刻地體會到，霍姆斯的見解是十分正確的。的確，大家寫的任何文字，使用的任何語言都不是憑空出現的，那些集結著人類精華的語言和詞彙，最終彙集成我們要表達的意思是需要一點點個人的發揮，這樣才會讓人覺得與眾不同。但是歸根結底，這些都是前輩們曾經使用過的。從這個意義上來說，「剽竊」其實是一種創造和發揮。

# 成功塑造湯姆・索亞

在哈特福居住的近幾十年裡，馬克・吐溫最愛去的地方就是誇里農莊。誇里農莊原是蘭登先生買來用於消夏的鄉村別墅，位於埃爾邁拉東邊 5 英里的小山上。

蘭登先生去世後，農莊由他們的養女蘇珊・蘭登繼承。蘇珊在和西奧多・克萊恩結婚後，把家搬到農莊。夫婦都待人非常真誠、熱情，特別是克萊恩，他還是馬克・吐溫的好朋友，兩人在一起經常討論文學上的問題。

在離主建築不遠的地方，有一個八角形的小書亭，四周全是窗戶，坐在屋裡，可以俯瞰不遠處的埃爾邁拉和希芒河谷的風光，可以遠眺賓夕凡尼亞那些黛青色的山巒。近處是花草樹木，盛夏季節甚是宜人。在這裡，馬克・吐溫可以從 10 點一直寫作至 17 點，而不用擔心被打擾。

自從馬克・吐溫發現這樣一個幽靜、合意的工作場所後，他就捨不得走開了。也正是在這裡，他完成了最為優秀的幾部作品，即《湯姆歷險記》、《哈克歷險記》和《康州美國佬大鬧亞瑟王朝》。

1874 年夏，馬克・吐溫在此開始寫《湯姆歷險記》。他開始時的意圖是想寫部有關密蘇里州的頑童湯姆・索亞的故事，但他發現，「寫到手稿 400 頁時，故事突然停了下來，堅絕不肯前進一步了。我失望，我難過，我大為詫異，因為我明白，故事還沒有講完，而我又不理解，為什麼我竟然無法前進。」

## 成功塑造湯姆·索亞

馬克·吐溫對此大傷腦筋，但又無可奈何，於是只好將寫了一半的稿子放在書架上。恰在這時，威廉·豪威爾斯來信邀請他為《大西洋月刊》寫些稿件，他猶豫了一下後，接受了邀請。他把自己在密西西比河上工作生活的一段真實經歷寫下來，以連載的方式在《大西洋月刊》上發表。

《密西西比河上的往事》，馬克·吐溫主要記寫了自己在1856年以後的幾年，在河上當領航員時的生活，幾乎沒作任何的誇張和虛構，是部自傳體的佳作。

寫完幾篇連載故事後，馬克·吐溫又從書架上翻出寫了一半的《湯姆歷險記》，讀了讀。「只有在這時候，我才有了這個偉大的發現，那就是，當油箱乾枯的時候，就要放下來，等它重新裝滿。」馬克·吐溫說，當初寫不下去的理由很簡單，「我的油箱乾了，空了，儲存的原料用光了。沒有原料，故事是無法前進的，空空如也是寫不出來的。」而今，相隔近一年後，他的油料充足了。

作品很快就完成了，但在送給出版商以前，馬克·吐溫還顯得有些信心不足，因為他確定不了這是部純粹的兒童讀物，還是部供成人讀的諷刺性作品。於是他請豪威爾斯看一看，對方看過後，甚感滿意，稱讚它是一部了不起的小說。終於，1876年，馬克·吐溫放心地讓湯姆走出了書房，走到世人面前。

《湯姆歷險記》是馬克·吐溫所有作品中，擁有最廣泛讀者的作品之一。它描寫了渴望創立功勛的少年湯姆和哈利衝破家庭、宗教和陳腐刻板的教育制度的束縛，去從事正義鬥爭的故事。

馬克‧吐溫以酣暢的筆調，描繪了密西西比河畔優美的風光，傾吐了對童年生活的眷戀之情。同時對停滯的小市民生活、畸形的教育制度等社會弊病進行了譏諷和嘲笑。《湯姆歷險記》剛一問世就受到了廣泛的讚揚，豪威爾斯稱它是「至今在小說中表現西南地區生活畫面的無與倫比的、最好的」作品。

這部作品的成功，極大地鼓舞了馬克‧吐溫，他終於找到了最適合自己的素材和風格，學會了怎樣對待寫作進行不下去的辦法。這一切都預示著他創作高峰的到來。

馬克‧吐溫喜歡躺在床上讀書或寫作。有一天早晨，一個新聞記者來採訪他。馬克‧吐溫讓夫人歐麗維亞把這個人請到他的臥室裡來。

歐麗維亞反對說：「難道你不應該起來嗎？你自己躺在床上，而讓人家站著，這像什麼話呢？」

馬克‧吐溫想了想，然後說：「我沒有想到這一點，那妳最好叫傭人再鋪一張床吧！」

有人在馬克‧吐溫聲名最盛的時候說他的幽默將流傳30年而不衰，對這種高度的評價，馬克‧吐溫本人卻不是十分的自信。然而，時隔百年，他的名字還是很新鮮。他所獲得的公認，先在歐洲達到頂峰，其後又傳到美國，有力地證實了《紐約時報》在他逝世之日所作的預言：「他的名聲是永遠不會磨滅的」。

馬克‧吐溫始終是一副認真而淳樸的面孔，他的情緒始終是輕鬆愉快的。

有人說：「你必須帶著一種幽默感來接近馬克‧吐溫，不然

你會迷失的。絕不要試圖去剖析一位幽默家。你的第一刀就會把他殺死,把他變成一個悲劇作者。你必須帶著微笑來看馬克·吐溫。」

# 開創美國新文風

　　湯姆・索亞的成功塑造，使馬克・吐溫沉浸在對童年的美好回憶之中。由此，創作熱情一發不可收。

　　於是，馬克・吐溫開始寫哈克貝利・費恩的故事，但剛寫幾十頁，便卡住了。這次馬克・吐溫不再心慌，他平靜地將書稿收起來，放到書架一隅，靜候靈感的到來。

　　1877 年，馬克・吐溫開始寫另一部小說《乞丐王子》，但這部作品的命運和「哈克」差不多，寫到一半就停滯了，因為油箱乾了。在兩年中間，他碰也沒有碰它。他又去寫斯托姆斐爾德船長的故事，但仍不見成效。

　　馬克・吐溫還寫了一個故事叫《究竟是什麼？》，也發生了兩次間歇。第二次間歇經過了很長的時間，達到 4 年之久。另有一本未完成的書，馬克・吐溫把它叫《破舟避難記》，書寫了一半，以後也就這樣了。另一本書叫《細菌歷險記：一個細菌的三千年》，寫了一半，就此算了。

　　其實，這些個油箱此時已經灌滿了，只要他重新握起筆來，這些書會自動前進，直至完成。可是，他對筆已經產生了厭倦。

　　馬克・吐溫心裡開始煩躁不安起來，於是想去歐洲旅行。1878 年初春，他帶上妻子和兩個女兒，還有好朋友喬・特威切爾牧師一起動身去歐洲大陸旅行。

　　他們先是到達德國，在慕尼黑住了一段時間，然後去法國巴黎、比利時、荷蘭、英國、義大利等地。途中，馬克・吐溫一邊

## 開創美國新文風

飽覽湖光山色，一邊為創作蒐集素材。在巴黎，他寫了本記述此次遊歷過程的《國外徒步旅行記》。該書在他回國後出版。

1880 年，馬克‧吐溫又坐到了哈特福的書桌前，「哈克」仍在孕育之中，而《乞丐王子》已水到渠成，同年 6 月便完稿了。就在一個月之後，他最小的女兒吉恩出生了。

《乞丐王子》是歷史題材，是部童話式的幽默諷刺小說。其主角是 16 世紀中葉英國的兩個男孩：一個叫湯姆‧康第，出生於貧民窟，另一個叫愛德華‧都鐸，是王子，兩人年齡相仿。雖然他們倆在出身上有天壤之別，但碰巧長相、身形十分相像。一個偶然的機會，湯姆和愛德華遇到一起，兩人好奇地互換了衣服，各自開始一段傳奇浪漫的生活。

湯姆成為王子，入住宮廷，並在老國王駕崩後，當上了國王。

愛德華則成為倫敦貧民窟中的流浪兒童，一身衣衫襤褸，過著顛沛流離的苦難生活。有幾次要不是一位落難的好心的爵士邁爾斯‧亨頓救助，怕連性命也沒有了。

故事結尾時，真假國王會面用信物辨出真偽，真國王愛德華即位，湯姆領獎受封。

馬克‧吐溫寫這麼一個虛構的故事，並非只是為逗人一笑。他的真正用意在於，借兩個孩子的經歷描繪同一個社會裡的兩個不同的世界，借貧困兒童的眼來看宮廷，讓王子去體會一下貧苦百姓的悲慘生活。

1882 年，為完成與出版社簽過約的《密西西比河上》一書，馬克‧吐溫專程重回闊別多年的大河，沿著當年做領航員時的線

路，在密西西比河上往返旅行了一次，其中會見過許多老朋友，走訪了多位童年時的夥伴，聽取各種趣聞。

在漢尼拔，他驚訝地看到，在過去的這些年裡，外面發生了巨大的變化，而漢尼拔卻還很貧窮。人們顯得沉悶不樂，本應隨著年齡的增長同時到來的那種富足滿意的心情和對未來的信心並不存在。這次旅行給了馬克·吐溫極大的啟發，使他找到了續寫《哈克歷險記》的契機。

1883年夏天，馬克·吐溫坐在誇里農莊的小書亭裡，一口氣將全書寫完。《哈克歷險記》在情節上延續了《湯姆歷險記》，是前者的續篇。但不同的是，後者改由主角哈克貝利用第一人稱講述全書。

一部文學巨著往往在其內容意涵上既有明晰性的一面，又有多義性的一面，《哈克歷險記》也是如此。它既是抗議奴隸制的吶喊，又是歌頌哈克與吉姆間友誼的讚歌。既是哈克的「自覺道德感」與畸形的世俗意識直接交納，並戰而勝之的生動表現，又是哈克在思想上由稚嫩走向成熟的發展過程的展現。

此外，《哈克歷險記》在語言文體風格上的成就開創了美國文學的一代文風，成為「一個不可動搖的典範」。它的影響不亞於一場文學革命。

正是從這種意義上，厄尼斯特·海明威評論說：「一切現代美國文學都來自馬克·吐溫寫的一本叫《哈克歷險記》的書。」《哈克歷險記》代表著馬克·吐溫文學創作的最高成就，它有著美國文學史乃至世界文學史上最偉大的傑作之一的地位，是任何人都無法動搖的。

# 快樂的家庭生活

　　自 1869 年馬克‧吐溫出版第一部書《傻子國外旅行記》以來，他的作品已有 8 部之多了。

　　在多年與出版商打交道的過程中，馬克‧吐溫深刻地感受到那些出版商的陰險和狠毒，也感到其中有無限的商機。他為自己辛苦寫成的書，沒能帶給自己最適當的報酬，卻使那些出版商發了大財而深感憤怒，可一時卻無可奈何。

　　此時，馬克‧吐溫想起了外侄女安妮的丈夫查爾斯‧韋伯斯特。雖然他從未從事過商業和出版工作，但馬克‧吐溫還是看中了這個毫無經驗的人顯示出的「才能」。

　　馬克‧吐溫決定，創立一家自己的出版公司，由他出資金，讓韋伯斯特經營管理，同時交給韋伯斯特《哈克歷險記》的手稿。

　　1884 年秋，為籌措資金創立出版公司，馬克‧吐溫又一次登上講壇，在全國各地作巡迴演講。在這次演講中，他不僅講故事、小品，還為支持格羅弗‧克利夫蘭競選總統而發表了一系列演說，均取得成功。4 個月後，他滿載而歸。

　　1885 年 2 月，《哈克歷險記》在美國正式出版。而在前一年，該書已先在英國出版。經營的策略取得圓滿成功，也為韋伯斯特公司打響了第一炮。

　　緊接著，公司印行出版了第二本書，即尤利塞斯‧格蘭特將

軍的《回憶錄》。格蘭特將軍曾任南北戰爭時北方軍隊的總司令，戰後，在 1868 年至 1877 年間連任兩屆美國總統。

馬克‧吐溫與格蘭特將軍在 1860 年代就曾有過交情，雙方都留下了很深的印象。格蘭特將軍退休後，有家出版社約他寫自己的回憶錄，但出的價碼與其說是很低，不如說是在矇騙他，坑害他。

在馬克‧吐溫的全力說服下，格蘭特將軍同意書寫成後，由韋伯斯特公司出版。事實證明，格蘭特將軍的選擇是對的，而馬克‧吐溫的決策更加英明，他不僅救了陷於貧困中的將軍一家，還替自己的公司賺進了一大筆收入，使自己的公司在全國贏得巨大的名聲。

1885 年是馬克‧吐溫文學創作上登峰造極的一年，也是他經濟狀況十分豐厚的一年。事業的成功和經濟的興旺，為其樂融融的家庭增添了許多的歡樂。

此時，他的大女兒蘇西已經 13 歲，克萊拉 11 歲，吉恩 5 歲。在這三個孩子當中，馬克‧吐溫最喜歡蘇西，儘管他在對待孩子方面一向做得恰到好處，彼此一視同仁，但對蘇西的愛深到何種程度，或許連他自己都說不清楚。

其原因不在於蘇西是長女，而在於她天資聰穎，很小就表現出寫作的天賦和才華，對文學有著超人的感悟力。而且，蘇西心地特別善良，待人真誠和善解人意。

在蘇西 6 歲的時候，她總是夢見一隻兇猛的熊。每次從夢中驚醒，她都嚇得叫起來。於是，蘇西就開始認真地分析這個夢，

## 快樂的家庭生活

為什麼會做這個夢呢？目的是什麼呢？起源是什麼呢？經過深入的研究，她得出了自己的判斷，因為她「從來不吃人，而總是被吃的」。

在蘇西 7 歲的時候，媽媽有幾次對她說：「好啦，好啦，蘇西，不能為了小事哭啊！」

這句話引起了蘇西的思索，因為她正在為她心目中的大災大難連心都碎了：一個玩具給打碎了；原來計劃好的一次野餐，因為遇到了狂風暴雨、電閃雷鳴而被取消了；育嬰室裡一隻老鼠養得越來越馴服，越來越親近人，但是卻不幸被貓咬死了。

災難的大小應該怎樣衡量呢？蘇西開始認真地思考這個問題，可是思考了好幾天還是感到很困惑，於是她找到媽媽，希望得到指點。

蘇西很認真地問：「媽媽，什麼叫『小事』？」

這看似是個簡單的問題，但解釋起來卻遇到了困難。然後蘇西舉出了一個實例，媽媽準備上街去，待辦事項之一是幫蘇西買答應了好久的玩具手錶。

「媽媽，如果你把手錶忘了，那是件小事嗎？」蘇西問。

但是，媽媽關心的並不是手錶，因為她知道自己不會忘掉。她希望的是如何做出合理的解釋，讓孩子受到困擾的心靈能夠得到安寧。

當然，希望落空了，因為關於不幸的大小，不是由局外人來衡量的，而是由當事人來衡量的。因此，蘇西獲得許可，可以根據自己的標準來衡量不幸。

馬克·吐溫深愛著自己的孩子們，對她們的要求可說是有求必應。在閒暇的時候，他會給她們講故事，和她們一起扮成各種人物在家中演戲。每一年的聖誕前夜，扮成聖誕老人，並說上一些神奇的故事則成了他理所當然的「職責」，他對此的認真程度也絲毫不亞於寫作。

有一回，他裝作聖誕老人給蘇西她們寫信說：

你和你的小妹妹請人代筆給我寫的信，我都收到並且看過了。你們這幾個小傢伙自己寫的信，我也看過了，因為你們寫的字雖然不是用大人用的字母寫成的，卻是用全世界各地的兒童都使用的那種字母，連眨眼的星星上的孩子們也用的這種字母；月亮上歸我管的人都是孩子，他們也不用別種字母寫字，所以我就能夠認得出你和你的小妹妹亂畫的那些記號，一點也不麻煩。

我要是在煙囪裡把雪掉下去，妳一定要叫喬治把雪掃進火爐裡，因為我沒時間做那種事情。妳讓喬治別用掃帚，要用抹布才行，要不然說不定他哪天就會死掉。妳千萬要盯住喬治，別讓他惹禍。要是我的靴子在大理石地面上踩了腳印，別讓喬治把它擦掉。就讓它留下，永遠作為我來過這裡的紀念吧！

妳的親愛的聖誕老人作為一位慈祥的父親，馬克·吐溫在家時和女兒們玩耍，每次外出時，也忘不了在信中向她們問好，回來時給她們帶上各自喜歡的禮物。此外，馬克·吐溫還時常幫助她們學習功課。蘇西和克萊拉學歷史時，總是記不住那些年代和大事件，於是他便想出了一個辦法：在誇里農莊的車道旁插上許多標樁，上面貼著紙條，記錄下英國歷代君王的姓名、生辰年月和發生的一些重大事件。

## 快樂的家庭生活

馬克‧吐溫和孩子們一起賽跑，經過標樁時，就大聲念出上面的內容。這樣記下來的知識既準確又可靠。方法經實踐證明，確實非常有效。

女兒們不僅給馬克‧吐溫帶來了無限的歡樂，而且還是他作品的讀者、評論者和編輯。

孩子們總是幫著媽媽編輯父親的手稿。歐麗維亞總是坐在田莊的走廊上，手裡拿著筆，高聲朗誦。這時，孩子們就會帶著警惕而懷疑的眼神看著她。

因為她們相信，只要她讀到非常滿意的一段，她總要劃掉。這個想法是有根據的，因為凡是她們認為滿意的段落，往往含有某種力量，這就非得加以修改或者刪改不可。而在媽媽的手裡，也總是如此處理。

馬克‧吐溫為了從孩子們的抗議中得到一些樂趣，他常常濫用「編輯們」的天真無邪的信任。他常常故意摻進一些措辭粗俗的字眼，以博得孩子們一笑。然後眼看那支無情的筆施展「生殺大權」。而且，馬克‧吐溫總是跟孩子們一起請求寬大為懷，提出各種理由，並且裝得非常認真。於是孩子們和她們的媽媽就很容易上了當，其間充滿了很多的樂趣。

正當馬克‧吐溫沉浸在成功的喜悅與生活的安適中時，厄運卻在慢慢地向他靠近了。

# 富有冒險的精神

馬克‧吐溫除了忙於寫作、演講、出書，他還投資其他領域，敢於冒險，這與他少年時代的個性有一定的關係。

一位老朋友把一個專利拋售給馬克‧吐溫，價錢是 15,000 美元。這個專利其實沒有什麼價值，一兩年來他這個朋友一直在虧本。不過，當時馬克‧吐溫並不知道這個情況。

這個朋友對馬克‧吐溫說，要是他把這個專利買進的話，他負責製造與銷售。於是，馬克‧吐溫就承接了過來。接著，現金開始外流，每月 500 美元。但是卻沒有得到任何的收益。

後來，當馬克‧吐溫為了這個專利損失了 42,000 美元的時候，他終於把這個「專利」轉給了另一個人。

然後，馬克‧吐溫又尋找著有什麼冒險事業可做。此時，另一位老朋友也給馬克‧吐溫帶來了一項了不起的發明，是一種引擎，或者是一種熔爐，能提取 99% 的那一類東西。

馬克‧吐溫到科爾特軍火工廠的理查斯先生那裡，把這件事跟他講了。理查斯是個專家，對煤和氣非常精通。他對這個機器有點懷疑。他說，一磅煤能產生多少氣是算得出來的，那位發明家把 99% 的事搞錯。隨後理查斯還給馬克‧吐溫看了有關方面的資料。

馬克‧吐溫有些灰心地告辭了。但是他想，也許是理查斯和那本書的數字錯了。因此，他便僱用那位發明家來製造機器，薪水是每星期 35 塊錢。一切費用都由馬克‧吐溫承擔。

## 富有冒險的精神

這個發明家用了好幾個星期才把東西做出來。他隔幾天就向馬克·吐溫報告一下進展情況。

最後，馬克·吐溫為了這項發明花費了 5,000 美元，這部機器才算完成。可是機器卻不夠精密，它的確從每磅煤所生的蒸汽中省下了 1%，可是這不算什麼，因為燒茶水的吊壺也能做得到。

雖然再次遭遇了失敗，但是馬克·吐溫敢於冒險的精神並未消退。此時他對蒸汽已變得非常熟悉了。於是他便又買下了哈特福一家公司的若干股票，因為這家公司準備革新一切帶有新式蒸汽滑車的東西。然而，在 16 個月中，這個蒸汽滑車拖走了馬克·吐溫 32,000 美元，最終一無所獲。

後來，馬克·吐溫自己當起了發明家，他發明了一種剪貼簿。因此獲得了該項發明的專利，他把這項專利交給了一向對此頗有興趣的那位老朋友，朋友從中賺了不少錢。

但是不久，正當馬克·吐溫快要分得自己那一份收入的時候，這位朋友的公司又失敗了。

有一天，這位老朋友向馬克·吐溫借 5,000 美元，說願意出 7 分利。他以公司的票據作為擔保，但是馬克·吐溫要求有保證人。朋友大為詫異，說要是容易找到保證人的話，他就不會找他借錢了，隨便到哪裡他都可以借到錢。

馬克·吐溫相信了這個朋友的話，於是就借給他 5,000 美元。但是，不到 3 天，這個朋友的公司就垮了。兩三年後，馬克·吐溫只拿回了 2,000 美元。

事實上，馬克‧吐溫沒有從冒險的事業中得到任何的利潤，他的收益都是從他寫的著作中獲得的。

# 鍥而不捨得到合約

1880 年，一貫熱衷於發明創造的馬克·吐溫在一位名叫佩吉的發明家的鼓動下，投資入股參與發明排字機。

曾做過印刷排字工的馬克·吐溫深知這部機器的潛在價值，一旦發明成功，它將極大地減輕排字工人的工作，提高排字的速度。此外，它帶給投資者的回報也是難以估量的。有了這項前途無量的投資產業，不僅自己，就是他的後代也將享用不盡。

然而，馬克·吐溫怎麼也沒想到，當初聽說「就要完成了」的機器，卻怎麼也完不成了！自那以後，他每個月都付給佩吉一定的資金。1885 年，它仍是「就要完成了」，1887 年，它是「就要大功告成了」。

直到 1890 年，馬克·吐溫為排字機投入了 15 萬美元，而它「還不能投放市場」。

在 1890 年時，馬克·吐溫在《哈潑斯月刊》上發表了一篇小品文，叫做《幸運》。英國一位來美訪問的軍中牧師把文章內容告訴了特威切爾。

第二年，在羅馬，一位英國紳士在路上向馬克·吐溫自我介紹說：「你可知道《幸運》這個小品文中的主角是誰？」

馬克·吐溫說：「不，不知道。」

紳士說：「啊，那是沃爾斯利勳爵……你如果還愛惜你的頭顱的話，別到英國去。」

在威尼斯，另一位英國紳士對馬克‧吐溫說了同樣的話。這個紳士說：「自從沃爾斯利勳爵英姿颯爽地從桑赫斯特英國皇家軍官學校畢業以來，一直飛黃騰達，吉星高照，這不能怪他。不過他一定會認出這個小品文說的是他自己，別人誰都認得出來。因此，你要是膽敢去英國的話，他一定會毀了你。」

1900 年，馬克‧吐溫在倫敦，他去參加 7 月 4 日的慶祝會。他到會場時已是晚上 11 點以後了，客人們正陸續地離開。喬特在主持會議，一位英國海軍上將在講話，還有兩三百人在場。

這時，該輪到馬克‧吐溫講話了，於是他便從座位的後邊往喬特那邊走去。當時，這些座位是空著的，在他離喬特還有 3 張椅子的地方，一位英俊的男子伸出手來說：「停一下，來這邊坐一坐，我希望跟你認識一下，我是沃爾斯利勳爵。」

一聽對方自我介紹說他是「沃爾斯利勳爵」，馬克‧吐溫幾乎要摔倒了，勳爵扶住了他。馬克‧吐溫解釋說，這是他的老毛病了。他們坐著聊了起來，談得很高興。勳爵還要馬克‧吐溫給他一份《一六〇一》。馬克‧吐溫對自己能如此輕易脫身感到十分高興。他說，一到家就給他寄去。

再說馬克‧吐溫投資創辦的韋伯斯特出版公司。剛創立的當年，兩次成功的組織經營頗值得自豪，但是到了第二年，一切的徵兆表明它在走下坡路。

格蘭特將軍回憶錄所獲得的巨大成功，令韋伯斯特得意非凡，他認為是他發現了格蘭特將軍，他是出版商中最偉大的一個。馬克‧吐溫後來回憶說：「在他默默無聞的時候，他的帽

## 鍥而不捨得到合約

子很大。到後來得意的時候，他的腦袋連一個水桶也套不進去
了。」

事實上，格蘭特將軍的回憶錄是馬克·吐溫出面拿下出版權
的。1884 年 11 月初的一個晚上，馬克·吐溫在奇克林大廈演講
結束之後，步行回家。當時正下著雨，路上行人很少。在兩盞路
燈之間的黑影裡，有兩個模糊的身影出了大門，走在馬克·吐溫
的前面。

這時，馬克·吐溫聽其中一個人說：「你聽說了吧，格蘭特
將軍終於下定決心，要寫回憶錄出版了。」馬克·吐溫能無意中
聽到這段話，真是很大的運氣。

第二天一早，馬克·吐溫就出門去拜訪格蘭特將軍。他在格
蘭特將軍的書房見到了他。此時，將軍正和他的兒子弗雷德·格
蘭特上校在一起。

將軍對馬克·吐溫說：「請坐下來，不用做聲，等我把一個
合約簽好字。」將軍還說這是為了他正在寫的一本書。

顯然，弗雷德·格蘭特是在最後親自審閱合約，他對父親
說，他認為合約是讓人滿意的。於是，格蘭特將軍走到桌子邊，
拿起筆來，準備簽字。就在這時，馬克·吐溫對將軍說：「請您
先不要簽，讓弗雷德上校先讀給我聽一聽。」

於是弗雷德上校讀了一遍，然後馬克·吐溫說，他很高興及
時趕來過問這件事。世紀公司是合約的另一方，它建議給將軍
10%的版稅，不過這個建議是出於無知。規模宏大的世紀公司對
出版雜誌是內行的。但是對於徵訂出版圖書這件事，他們沒有經

驗。不然的話，他們不會按照對待一位不知名或沒有聲望的作者那樣的版稅辦法，來要求格蘭特將軍寫書。

馬克‧吐溫進一步說明這些條文是不公道的，他說，劃掉了10%，改為20%，最好是改為純利的75%。

對馬克‧吐溫所說的，格蘭特將軍卻不以為然，他說他們絕不肯出這個價。而馬克‧吐溫卻說，不會的，因為在美國沒有一個信譽好的出版商不願意出這筆錢。

格蘭特將軍還是直搖頭，他還是想照合約上的條文簽字。隨即，馬克‧吐溫指出，按照合約原來的條文，在10%中還有一項不利的細節，就是最不知名的作者的合約，這個合約不光是對格蘭特將軍這樣的巨人規定了10%的版稅，而且還要求在這10%中扣除一些費用，像前臺工錢、房租、清潔費以及其他的費用。

最後，馬克‧吐溫對將軍說，他應該得到利潤的1／4。至於一些其他的開銷，應由出版商從其餘的1／4中支付。

這個提議使格蘭特將軍感到很煩惱，他認為這樣一來，他自己就置於被掠奪者的地位，成了出版商的奉獻者了。

將軍還在執著。但是他的弗雷德‧格蘭特開始被說服了。他主張把世紀公司的合約先緩一緩。在這段時間裡，先把詳細情形探討一下。弗雷德‧格蘭特說，這不是感情用事，這是純粹的談生意，只應該從這個觀點來考慮。

最後，格蘭特將軍同意把合約的事暫時緩一緩，到第二天上午再提出來。

在這段時間裡，馬克‧吐溫的大腦也在高速運轉。他深切地

## 鍥而不捨得到合約

知道，美國出版公司非常樂於得到格蘭特將軍的回憶錄，3／4利潤歸他，其餘1／4歸他們。

馬克‧吐溫本來希望立即把這本書交給美國出版公司的弗蘭克‧布利斯，讓他們發發財，可是他轉念一想，這家公司掠奪自己已經好多年了，如今該是他出氣的時候了。

於是，馬克‧吐溫再次跟將軍和弗雷德商量的時候，將軍表現得十分謙遜。他得知謝爾曼將軍已經出版了他兩卷集的回憶錄，由斯克里布納公司出版，那本書的出版已成為有名的事件。

格蘭特將軍跟馬克‧吐溫說：「謝爾曼跟我說，他那本書的利潤是25,000美元。你相信我的書也能收入這麼多嗎？」

馬克‧吐溫則十分堅定地說，他不僅相信，而且確實知道他的收益會大得多。謝爾曼的書是出版後零售的，那本書原本適合出版社向個人徵得同意訂購後出版，不過像謝爾曼和格蘭特這樣著名人物的回憶錄，剛好適合這種辦法。馬克‧吐溫說，一本書，如果其中的素材適合於用這種辦法出版的話，透過這種方法出版收入的錢，比出版後零售，要高8倍至10倍。

格蘭特將軍對自己的回憶錄能收入25,000美元還是很懷疑。將軍解釋說，他曾向羅斯韋爾‧史密斯提出把他的回憶錄全部賣給他，稿費25,000美元，結果這個提議把史密斯嚇壞了。

就在這時，馬克‧吐溫突然想到自己也是個出版商啊。於是他對將軍說：「將軍，把回憶錄賣給我吧，我就是個出版商。我可以出雙倍的價錢。我口袋裡有一張支票，你馬上可以把我50,000美元的支票拿去，我們訂個合約吧！」

沒想到格蘭特將軍馬上謝絕了，將軍說彼此是朋友，他不願意讓一個朋友冒這樣的風險。

　　馬克‧吐溫就說：「出版後利潤的 75％ 歸你，所有日常費用，例如薪水之類，由我的 25％ 開銷。」

　　格蘭特將軍一聽，就笑了，他問馬克‧吐溫，這樣一來還能剩下多少利潤？馬克吐溫說，6 個月內 10 萬塊錢。

　　將軍問他這個夢想的根據是什麼。馬克‧吐溫說：「我根據的是你和我兩人的作品，在商業價值方面的差異。我最早兩本書各賣出了 15 萬冊，平裝本每冊 3.5 美元，精裝本更貴一些，每冊 4 美元，平均 15 萬塊。我知道你的作品在商業上的價值比我至少多 4 倍。因此，你的書能出售 60 萬冊，你可得純利 50 萬元，我可得純利 10 萬元，這是完全保險的估算。」

　　最後，格蘭特將軍打電報給他的好朋友費城《紀事報》的喬治‧威‧蔡爾茲，要他到紐約來提供意見。馬克‧吐溫說服蔡爾茲，使他相信韋伯斯特的印刷能力綽綽有餘。

　　最後，蔡爾茲做出裁決：「把書交給馬克‧吐溫。」弗雷德‧格蘭特上校也支持這個裁決，並重複了一遍：「把書交給馬克‧吐溫。」於是，合約就簽訂了。而韋伯斯特馬上就掌管了這項新的業務。

　　在寫回憶錄的過程中，格蘭特將軍病情越來越重，但他仍然英勇地堅持寫下去。後來全書大功告成，而他此時已經奄奄一息。到後來，他已經說不出話來了，需要說什麼的時候，則用筆寫在小紙條上。

## 鍥而不捨得到合約

在將軍臨終前，馬克‧吐溫去看望他。他用筆寫下來，問馬克‧吐溫他的書能否對他的家庭有所幫助。

馬克‧吐溫說，推銷工作正在大力進行，徵訂的、寄錢來的正不斷湧來。等到推銷工作全部完成，他家裡可以收進20萬元。將軍用筆寫下了他的感謝之情。

1885年7月23日，格蘭特將軍病逝於紐約避暑勝地阿迪朗達克的麥克格雷戈爾山。

同年9月，格蘭特將軍的回憶錄複印，製作了幾個模板，分給幾家大印刷廠承印。大批蒸汽印刷機日夜趕印這本書，幾個大裝訂廠忙著裝訂。書是兩卷本的，大的八開本，平裝本9美元，精裝本貴些。

1885年12月10日，回憶錄公開發行。結果正如馬克‧吐溫所預料的。賣了30萬套時，給格蘭特夫人的第一張支票是20萬美元。幾個月以後，第二張支票是15萬美元，總共付給格蘭特夫人的總數大致有50萬美元。

格蘭特將軍的回憶錄的出版大獲成功，不僅使格蘭特將軍一家走出經濟困境，也使馬克‧吐溫創辦的出版公司大賺了一筆。

# 維護名譽承擔責任

雖然韋伯斯特出版公司成員中，沒有馬克・吐溫的名字，但公眾都認為他才是公司的老闆。

許多想出書的人都找他，可他答應的好書都被韋伯斯特拒絕了，韋伯斯特認為他才是公司的主人。只要人家奉承幾句，韋伯斯特就滿心歡喜，意氣風發起來，連看也不大看就把對方的書接應下來。

而且，韋伯斯特還把馬克・吐溫的一本書《康州美國佬大鬧亞瑟王朝》盡可能地扣住不發，後來偷偷摸摸地印了出來。由豪威爾斯和馬克・吐溫彙編的《幽默叢書》，也被韋伯斯特扣了很久，後來也是偷偷摸摸印的。

如此一來，馬克・吐溫與韋伯斯特之間不免產生許多芥蒂，令彼此都無法容忍。

韋伯斯特的腦神經痛得很厲害，他服用德國新出的一種藥。醫生對服藥是有規定的，但是韋伯斯特卻有辦法大量弄到手。他服用這個藥，次數越來越多，劑量也越來越大。藥物把他麻醉了，如同在夢中一般。因此，韋伯斯特平常不上班了，只是隔一陣才來一次。

對於韋伯斯特這個對出版公司有害的人物，必須想辦法讓他放棄那個地位。韋伯斯特對於該是他的錢總是趕緊收起來，而至於馬克・吐溫的 10 萬美元書款，早已被他浪費掉了。公司被他做得快破產了。

## 維護名譽承擔責任

經過反覆的協商韋伯斯特願意以 12,000 美元了結，離開公司。於是，馬克吐溫便開了一張支票給他。

韋伯斯特走後，馬克‧吐溫將公司交由韋伯斯特的助手，弗雷德里克‧霍爾去經營。霍爾接手的是個爛攤子。他被前任留下的出版計畫搞得焦頭爛額，不斷地向馬克‧吐溫告急求援。

1889 年，馬克‧吐溫的《康州美國佬大鬧亞瑟王朝》出版了。它暫緩了公司的破產。

《康州美國佬大鬧亞瑟王朝》出版時，引起了眾人的一片哄笑和喝彩。但也有少數人被戳中了痛處，發出憤怒的吶喊。該書不僅深刻地刻畫了馬克‧吐溫對人間不平的憤恨，也宣揚了他對平等的堅定信念。

日子一天天過去，人們依然生活在貧窮困苦之中。只不過慢慢地，他們學會了反抗。克羅克頭目那個貪污政府執政了 16 年之久，紐約市的選民們便起來反抗了，大家組成了一個聯合競選團，要推翻坦慕尼的政權。

哥倫比亞大學校長塞思‧盧烏參加了這次競選活動，發揮了他的智慧和才能。在一次聯誼會的宴會上，塞思‧盧烏發表演說攻擊克羅克，他套用了 1787 年埃德蒙‧伯克在議會彈劾沃倫‧黑斯廷斯那篇有名的演說詞。塞思‧盧烏的演說詞印了幾十萬份，四處發放。

「我檢舉理查‧克羅克」的呼聲，在全體紐約市民心中引起了廣泛的迴響。

在這次反貪汙的運動中，年已 66 歲的馬克‧吐溫親自參加了百老匯大街的遊行示威，在一些街道拐角處演說。

當聯合競選團取得勝利，塞思·盧烏當選市長時，大家都把這次勝利歸功於馬克·吐溫。有一家報紙編了一首歌詞：

是誰擊敗克羅克？
馬克·吐溫說，是我，
我擊敗了克羅克，
我這個愛開玩笑的老傢伙！

在進行鬥爭的同時，馬克·吐溫身心承受著巨大的壓力，他覺得哈特福的空氣異常凝重。

1891 年 6 月，馬克·吐溫關閉了哈特福的住宅，全家乘船去歐洲，一邊旅行，一邊治療令人頭痛的風溼病。他們這一走就再沒回過這棟房子，再也沒開啟過那扇門。

1892 年 9 月，馬克·吐溫一家來到了佛羅倫斯的一幢別墅居住。後來，馬克·吐溫對這段美好的生活回憶道：

在佛羅倫斯別墅裡的生活是理想的生活。氣候宜人而且景色可
愛，不論在白天還是夜晚，一片寧靜，遠離塵囂，超脫了煩惱，
真如同夢裡一般。

1893 年，10 多年來馬克·吐溫共投資約 20 萬美元的排字機終於宣告失敗。他從義大利回來想避免尷尬，但所做的也只能是最後看一眼那一敗塗地的悲慘景象。他說：「我完全明白，現在我承認自己是個大傻瓜。」

為了還債，馬克·吐溫又開始投入寫作。1893 年，在魯昂的時候，馬克·吐溫把價值 15,000 美元的手稿毀了；1894 年初，在巴黎的時候，他把價值 10,000 美元的手稿毀了。

## 維護名譽承擔責任

馬克·吐溫是按照雜誌上的文章估的價，他生怕這些手稿留在手邊，自己會受到誘惑把這些書稿賣出去，因為他自己深知這些書稿達不到標準。他不想把沒有把握的東西公開出版。只是當時，馬克·吐溫正深陷於債務之中，擺脫困境的引誘非常強烈。為了趕走這樣的引誘，他便果斷地把手稿燒掉了。

而夫人歐麗維亞不但沒有阻撓，而且鼓勵他這樣做。因為她關心丈夫的聲譽勝過一切。

就在這時，有人出價每年 16,000 美元，以 5 年為期，只要他同意人家利用他的名字作為一家幽默刊物的主編。歐麗維亞幫助他抵制了這場誘惑。

1894 年初，馬克·吐溫創辦的出版公司的管理者霍爾的一封信，再次將馬克·吐溫召回國內。他匆匆回到紐約，看著公司帳面上將資產全部抵押後仍虧空的 90,000 多美元，他傾囊倒進公司窟窿 20,000 多美元，想挽救公司，但也只是徒勞而已。

那一年，美國正發生嚴重的經濟危機，企業紛紛破產倒閉，工廠關門停產，工人大量失業，債權人蜂擁而至，瓜分債務人的資產，社會上一片恐慌與混亂。

馬克·吐溫舉目所及，無處能借到錢了。萬不得已，他聽從了時任洛克斐勒財團一重要職位的朋友亨利·羅傑斯的勸告，宣告公司破產。

1894 年 4 月，韋伯斯特出版公司倒閉了。公司除了欠馬克·吐溫 60,000 美元，欠歐麗維亞 65,000 美元外，還欠下 96 位債權人平均每人 1,000 美元。

從法律上說，馬克‧吐溫可以將公司現有全部資產抵押給債權人，而不擔負償還剩餘債務的責任。但妻子歐麗維亞對丈夫馬克‧吐溫說：

這房子是我的房子，應該償還給債權人，你的書是你的財產，把書交給債權人。你要千方百計地償還債務，能夠多還些便多還些，只要你人還在，便能再做起來，把餘下的欠款賺回來，還清它。不用害怕，欠下的每一塊錢，我們準備償還它一百分。

羅傑斯站在歐麗維亞這一邊，他是唯一能看清形勢的人。他看出了這一回的事和類似的情況有所不同，他對馬克‧吐溫說：「生意有生意的法則，那是對的。不過文人的名譽是他的生命，他不妨在錢上面窮一些，可是不能在品德方面差分毫。你務必一分一毫賺回來，把欠債還清。」

馬克‧吐溫接受了忠告。他要尊重自己的名譽，他要重新站起來。從前那麼多的困難也沒嚇倒他，而今，他一定也能闖過去。

在馬克‧吐溫最不走運的時候，羅傑斯搭救了他。他們彼此遇見的時候，還是陌生人。然而他們分手的時候已是朋友。羅傑斯不止一次地搭救處於困境中的馬克‧吐溫。

羅傑斯對於自己所做的好事，既不損害馬克‧吐溫的自愛，也不挫傷他的自尊，就像是馬克‧吐溫自己做的一樣，而且沒有痕跡，沒有一點暗示，沒有一句話透露出有恩於馬克‧吐溫的意思。這讓馬克‧吐溫心中充滿了感激之情。

馬克‧吐溫意識到，自己必須重新振作起來，他必須寫出一

## 維護名譽承擔責任

本書，必須重新回到講壇。歐麗維亞認為丈夫能在 4 年中把負債還清。而羅傑斯則說，馬克·吐溫願意多少年便多少年，開頭的話，不妨是 7 年。馬克吐溫認為他說的是一句笑話，但是比歐麗維亞說的 4 年更符合實際些。

有一天，馬克·吐溫無意間聽到羅傑斯和兩個有經驗的企業家簡短的對話。

一個企業家問羅傑斯：「克萊門斯多大啦？」

羅傑斯回答：「58 歲。」

這個企業家說：「58 歲垮的人，95%再也起不來了。」

另一位企業家說：「你不妨說是 98%，那更正確些。」

聽到這些話，馬克·吐溫一時間陷入了猶豫之中。然而，這種憂鬱的心情沒有持續多久。因為歐麗維亞知道了他的煩惱後，拿起筆和紙，令人信服地算出了未來 4 年之中的進款，算清了結局會是多麼的順利。

馬克·吐溫認為，妻子是對的。論遠見，論智慧，論盤算的準確，論看問題的全面，在他認識的人當中，除了羅傑斯先生之外，沒有一個人能趕得上自己的愛妻。

隨後，馬克·吐溫重新振作起精神。為了還清債務，馬克·吐溫夫婦決定進行為期一年的全球演講旅行。在此期間，馬克·吐溫的朋友羅傑斯幫了大忙。

羅傑斯說服了 96 位債主，保證了馬克·吐溫夫人的優先債權人地位。因為在出版公司艱難的日子裡，向馬克·吐溫夫人借了65,000 美元的本票。然而公司還是破產了。羅傑斯堅持把版稅歸

她所有，以償還。

羅傑斯對債主們把道理解釋的很清楚，他的態度、聲調，以及他的眼睛所表露出來的好心腸與誠意，使每一個有頭腦、有心腸的人口服心服。但是在 96 個債權人中，只有三四個人主張對馬克·吐溫採取苛刻的辦法，堅絕不肯讓步。而其餘的人都說不妨隨馬克·吐溫的便，慢慢來償還債務。他們說，絕不阻撓他，也不起訴他，他們說話算數。

羅傑斯非常有先見之明。當他為了馬克·吐溫的版權據理力爭，堅決要求歸屬歐麗維亞所有的時候，馬克·吐溫還不明白為什麼他把這件事看得那麼重。

羅傑斯堅持說，這是一筆很大的資產。而馬克·吐溫說，這根本算不上是什麼資產，他甚至無法把版權送掉。羅傑斯說，再等一等，讓經濟恐慌緩和下來，生意復活起來，到時候他就會明白這些版權會更值錢。

韋伯斯特公司一垮，馬克·吐溫的書有 7 本拋到了自己的手裡。他要三位第一流的出版商收進，但是他們不要。如果羅傑斯聽任克萊門斯夫人和馬克·吐溫的主張，版權早就讓給出版商了。這將會是一個多麼大的損失！

羅傑斯的一系列堅持，挽救了馬克·吐溫，使他有能力為償還債務而進行環球旅行演講。

馬克·吐溫做得最得心應手的事莫過於寫作和演講，只有這兩者能使他徹底擺脫債務，走出深淵。於是，他將正在上學的蘇西和幼小的吉恩留在了誇里農莊，和蘇珊姨媽一起住。而他則帶

## 維護名譽承擔責任

上歐麗維亞和21歲的女兒克萊拉，開始又一次的環球巡迴演講。

1895 年 7 月 14 日，馬克‧吐溫帶著妻女登上了離開埃爾邁拉的列車，踏上環遊世界的旅途。路上正值夏日炎炎，後來還受到熾熱的森林地帶夏季的高溫的煎熬，讓人好不煩惱，但是馬克‧吐溫和身體不好的夫人還是撐了過來。

馬克‧吐溫作環球演講的消息在報紙上一登出來，人們都知道他此行的目的。所以，儘管天氣炎熱，但他所到之處仍受到了觀眾們的熱烈歡迎。人們在心裡默默地為這位堅強不屈的老人祝福。他先是在國內的大中城市演講了一個多月，然後去加拿大，演講了幾場後，又從溫哥華乘船去澳大利亞。

在澳大利亞的演講同樣備受關注。在街上，馬克‧吐溫隨時會碰見他不認識的人向他打招呼，劇場裡擠滿了熱心的觀眾。

後來，馬克‧吐溫又去紐西蘭等地演講了幾週，然後他去了印度和南非，並在那裡結束了近一年的演講旅行。

在《自傳》裡，馬克‧吐溫說：「對羅傑斯先生的好心好意、鼎力相助，我是感激不盡的，而特別該感謝他的是把我的版權保住了。這件事可真是救了我和我全家，使我們不致貧困，保證了我們長期得以過上一個舒適、稱心的生活。」

當初為了還債，馬克‧吐溫曾打算賣掉幾部小說的版權，羅傑斯卻勸說他保留住版權，因為版稅會給他帶來長期的收益。果然，馬克‧吐溫在版稅中取得了可觀的收入。

對於這次難忘的演講生活，馬克‧吐溫曾經幽默地回憶說：「我們一邊在演講，一邊在掠奪。」每當演講獲得一定收入時，

馬克‧吐溫就把錢寄給羅傑斯先生，請他代為還債，但羅傑斯堅持最後一起還債，這樣可以給馬克‧吐溫夫婦帶來不少的利息。

1896 年 7 月，馬克‧吐溫回到英國，租下一棟地處偏僻的房子，集中全部精力把這一年的經歷記寫下來，即是 1897 年出版的《赤道環行記》，所得稿費也盡數用來還債。《赤道環行記》描寫了旅途生活中看到的白人對「有色」人種的迫害和屠殺，譴責了殖民主義者的暴行。

1898 年底，羅傑斯給在維也納的馬克‧吐溫打來一份電報，電報紙上說：

已如數不折不扣地清償了所有債權人欠款。尚餘 18,500 美元，如何處理，盼告。

馬克‧吐溫回電說：「投入聯邦鋼鐵公司。」羅傑斯照辦了。只有 1,000 美元沒有投入，兩個月後取出，利息達 125%。

在好友的熱情幫助下，馬克‧吐溫終於渡過了難關。還清欠債的時間和當初歐麗維亞預料的完全一致，用了 4 年。

無論處於什麼樣的境遇中，歐麗維亞總是高高興興的。而且她總是能把高興的心情感染給別人。在一家貧困、負債的日子裡，歐麗維亞總是能夠說服丈夫馬克‧吐溫不要絕望，要在茫茫雲霧中看到光明的一面，並且確實設法讓他看到了光明。

在這段日子裡，馬克‧吐溫每晚都發表演講，雖然這麼艱苦，可是歐麗維亞到達溫哥華時，能和起程時一樣健康。從這一天開始，她的身體好了些。雖說夏季連續了 5 個月，中間沒有停歇過。他們到達澳大利亞的雪梨，在赤道以南 34 度，那正是

澳大利亞的夏季時光。在澳大利亞、紐西蘭和塔斯馬尼亞停留期間，全都是夏天。

1896 年 1 月 1 日，從墨爾本開船時，也還是夏天。至於在錫蘭，也正值盛夏季節。他們到達孟買時，孟買的英籍居民自稱是在冬季，可是對馬克·吐溫他們來說，自從 1895 年 7 月中旬在埃爾邁拉起程以來，他們沒有見到氣候有什麼變化。對他們來說，全印度都還是夏天，直至 3 月 17 日為止。

當時，傑普爾的一個英國醫生勸馬克·吐溫他們飛往加爾各答，立即離開印度，因為熱天會隨時來臨，對他們會造成危害。因此，馬克·吐溫一家從拉瓦平第趕往加爾各答，搭船前往南非。

儘管如此的奔波勞累，但是歐麗維亞的健康仍然有所改善。馬克·吐溫在南非演講旅行的過程中，她和女兒克萊拉一直陪伴著他。在 9 年的困苦日子裡，馬克·吐溫從沒有見到妻子歐麗維亞對全家處境的變化有一句怨言，孩子們也從來沒有過。她對孩子們進行了教育，而女兒們也從母親那裡，繼承下了她那堅忍不拔的個性。歐麗維亞的身體因為過分操勞而有所虛弱，但是她又不肯請護理人員。而一些必要的社交應酬也不利於她的健康。在紐約繁忙的冬季社交季節，馬克·吐溫來往的書信很多，讓他和祕書都忙不過來，於是歐麗維亞就分擔了他們一部分的任務。這就使她更加的勞累了。

他們希望回到美國的家中。

1900 年 10 月 16 日，紐約港駛進了一艘船，只見甲板上站著一位白髮的老人，他就是在困境中掙扎、搏鬥，在國外漂泊多年，終於回家的馬克·吐溫。

# 講究教育方式的父親

　　馬克・吐溫不僅以其卓越的文學才華享譽世界，而且他在教育孩子方面，也堪稱典範。

　　馬克・吐溫是一個非常慈愛的父親，他有 3 個女兒，他把女兒視為掌上明珠，疼愛有加。從女兒開始懂事時，馬克・吐溫寫作累了，他就會叫來女兒，讓她們坐在自己的椅子扶手上，講故事給她們聽。

　　故事的題目由女兒們來選擇，她們拿起畫冊，常常隨意地讓父親根據上面畫的人或動物即興編故事。馬克・吐溫雖然能夠很輕鬆地編出生動有趣的故事來，但是每次他都非常認真地思考，從不敷衍。

　　馬克・吐溫和夫人歐麗維亞與女兒們之間始終保持著一種平等、民主和相互尊重的朋友式的關係，家庭生活中洋溢著和睦融洽的親情。父親從不因為自己聲名遠播而擺出一副居高臨下的樣子，他也從不斥責女兒。但當孩子有了過失，馬克・吐溫也絕不姑息。

　　有一次，馬克・吐溫夫婦想帶著孩子們到農莊去渡假，一家人坐在堆滿乾草的大車上，顫巍巍地往郊外駛去。一路上，一家人飽覽著美麗的田園風光，這是女兒們嚮往已久的事了，她們高興地說笑不停。

　　可是，就在大車出發前，出現了狀況。蘇西突然發脾氣，要克萊拉改正錯誤，而且還動用了手中的一根棍子，這惹人生氣的

事，顯然超出了育兒室內所允許的限度。

事後，蘇西主動向媽媽承認錯誤。但是，按照家規，蘇西必須受到懲罰。

蘇西和媽媽討論了幾種懲罰辦法，不過彷彿沒有一樣是適合的。因為這次錯誤太嚴重了，需要在記憶中留下一個危險訊息。被提到的懲罰辦法之一，就是剝奪坐乾草堆的機會。當然，這個懲罰戳到了蘇西的痛處，因為她是多麼渴望坐上乾草馬車，一路欣賞美麗的大自然啊。

最後，媽媽提了各種懲罰的辦法，問道：「蘇西，妳看該是哪一種？」

蘇西想了一下，顯得有些猶豫，她問：「媽媽，妳看哪一種？」

「蘇西，我看還是由妳決定，自己來挑選。」

經過一番掙扎，蘇西對媽媽說：「好吧，媽媽，我看還是挑乾草車吧。因為，別的事也許不能讓我記住不再犯。但是，如果我不能坐乾草車，那我就很容易記住了。」

馬克‧吐溫非常理解女兒為自己決定的受罰方式，對她究竟有多大的份量。後來，他在回憶這件事時說：「並不是我讓蘇西做這件事的，可想起可憐的蘇西失去了坐乾草車的機會，至今仍讓我感到痛苦，在 26 年後的今天。」

馬克‧吐溫夫婦對犯錯的孩子「嚴懲不貸」的態度是堅決的，但懲罰又是民主的，孩子能夠心甘情願接受的。這就是靈活的自然的運用，是一種無痕的教育，使被罰者心悅誠服。

正是擁有了這樣一個特別的，充滿智慧和民主的父親，有這樣一個溫馨、和睦的家庭生活環境，馬克‧吐溫的女兒們才能夠幸福、快樂、健康地成長。

# 承受痛失愛女的打擊

　　1889 年 12 月，馬克‧吐溫的第三部重要作品《康州美國佬大鬧亞瑟王朝》出版了。

　　這篇作品的創作，緣起於 1884 年，馬克‧吐溫與凱布爾外出演講的途中受到的啟發。演講途經紐約時，他們在一家書店買到了一本托馬斯‧馬洛裡爵士寫的《亞瑟王之死》，兩個人在翻看之後，被其中古雅華麗的詞藻和中世紀武士的故事深深地吸引住了。

　　凱布爾遂在演講中不時穿插「亞瑟王的故事」，而馬克‧吐溫則迷戀於那些 6 世紀騎士的鎧甲、長矛，宮廷裡的豪宴場面，騎士們的偉業，奴隸的悲苦生活和變幻莫測的幻術。

　　於是從 1885 年起，馬克‧吐溫動手寫一部異想天開的小說。這部小說的主角漢克‧摩根生長於 19 世紀美國康乃狄克州哈特福，是位工匠的兒子。他勤奮好學、踏實肯做事，學會製造許多樣東西：步槍、手槍、大砲、鍋爐、引擎等，並在一家兵工廠當頭目，管轄兩千多名工人。

　　一天，漢克和工廠裡綽號叫「赫剌克勒斯」的小夥子發生械鬥，因頭部遭到重擊而昏迷過去。甦醒後，他發現自己來到了 6 世紀亞瑟王時代的英國。

　　雖然關於漢克的故事有些荒誕，但誰也不會將之當成是「庸俗不堪的詼諧文章」。馬克‧吐溫的指向很清楚：過去和現在，

天下一切不合理的專制制度、等級制度和政權。

儘管這部作品在與多方面還是稍嫌不足，但他仍是馬克‧吐溫的代表作之一，因為他在馬克‧吐溫的創作中代表了一個新的轉捩點，是他後期風格轉變的萌芽。

完成此書後，馬克‧吐溫就開始陷入經濟的困擾之中，但他仍筆耕不輟。在歐洲居留期間，他頂住沉重的經濟壓力，拚命寫作。

在 1892 年 9 月，馬克‧吐溫將家暫時安置在佛羅倫斯近郊的維維安尼別墅後，他寫了《湯姆‧索亞出國記》、《傻瓜威爾遜》、《百萬英鎊》、《亞當日記》和《冉‧達克》等作品，雖然在藝術技巧上沒有新的突破，但這些作品在馬克‧吐溫的思想發展中也是一個重要環節。

在寫《冉‧達克》這個故事時，馬克‧吐溫開頭寫了 6 次都寫不好，每次他都把結果告訴夫人歐麗維亞，每次她都報之嚴厲的批評。沉默片刻，她沒有說一個字，但是在馬克‧吐溫看來，她的沉默有如雷鳴一般。

馬克‧吐溫最終找到了完美的開場，而且他知道，歐麗維亞會有一個怎樣的說法。果然，她說了，說得一點也不猶豫。

為了維護金錢無法買到的正直、高尚的人格和純潔、真誠的聲譽，馬克‧吐溫和他的家人天各一方，在世界各處飄蕩，過著節衣縮食的日子。這段艱苦的生活，對馬克‧吐溫造成了巨大的影響。其中，對他影響最大的莫過於愛女蘇西的死。

蘇西是 1896 年 8 月 18 日在哈特福的家裡去世的，而馬克‧

## 承受痛失愛女的打擊

吐溫對她最後的記憶是一年前，他和歐麗維亞、克萊拉動身開始環球演講，在埃爾邁拉道別那一刻的身影。自那以後，他再也沒見到過蘇西。

1896 年 7 月，馬克·吐溫結束演講，到達英國。他一邊在吉爾福德租了所房子，一邊寫信讓蘇西和吉恩來英國合家團聚。但信發出去一兩個星期了，兩人還沒有來，只收到一封信，是別人寫的，信上說蘇西生了小病，暫不能動身，但不大要緊。可馬克·吐溫和歐麗維亞覺得不放心，連忙發電報催問病情。同時，歐麗維亞和克萊拉收拾好東西，做好回國的準備。

回電總算來了，帶來的消息讓他們更加焦慮不安：「候明晨電。」馬克·吐溫連忙發電報，讓對方回電至修咸頓，因為他準備一旦收到不好的消息，就立即從那裡乘早班輪船回國。

當晚，馬克·吐溫在吉爾福德郵局一直等到關門也沒見回音。第二天一早，他們趕到修咸頓，一封電報已經到達，說蘇西需長期治療，但定能痊癒。馬克·吐溫鬆了口氣，但歐麗維亞嚇壞了，她立刻和女兒克萊拉登船走了。留下馬克·吐溫在英國找所大些的房子，以便把蘇西她們接過來一起住。

8 月 18 日，馬克·吐溫站在餐室裡的時候，心裡並沒有想什麼特別的事。這時，僕人給馬克·吐溫送來一封電報：「蘇西患腦充血和腦膜炎，醫治無效，於今日安然解脫。」

接到這個噩耗，馬克·吐溫一下子嚇昏了。他對此毫無心理準備。馬克·吐溫在給歐麗維亞的信中說：「這真是一個令人震驚的消息。我做夢也想不到。簡直讓我感到天旋地轉啊。我愛蘇

西。熱烈地愛她，可是我過去並不知道這種愛有多麼深厚。」

　　而此時，歐麗維亞和克萊拉母女正在大西洋中途。他們還不知道發生了什麼事，正急切地前往迎接非同尋常的災難。家中的親友到了碼頭上，半夜才接到歐麗維亞他們乘坐的輪船。他們到清早才露面，但也只見了克萊拉一個人。她回到頭等艙時一言不發，媽媽對她望了一下，說：「蘇西死了。」

　　當晚 10 點 30 分，克萊拉和媽媽到了埃爾邁拉，母女倆搭的火車，坐的馬車，正是在 13 個月之前她們從這裡西行時所坐的車子。而這一次，蘇西還在這裡，但不是在晨光中招手歡迎，而是在她出生的家裡，帶著她那蒼白而美麗的容顏躺在棺材裡。

　　馬克‧吐溫很愛長女蘇西，她活潑、愛玩，還特別好動，也許是繼承了父親幼年個性的特點。與別的孩子不同的是，蘇西有時個性內向，總是細細思考那些困擾人生的事和自古以來使人感到迷惑不解的問題。對於一個孩子來講，這是非常難能可貴的，似乎蘇西對周圍的一切都能產生興趣，包括苦惱和困難，她總喜歡問媽媽：「這是為什麼呀？」

　　蘇西是個善良而誠實的孩子。馬克‧吐溫清楚地記得，蘇西在 6 歲時，總是和妹妹克萊拉發生爭吵，為了制止爭吵，父母試著採用懲罰的辦法，但卻失敗了。

　　於是，父親決定實行獎勵的辦法：一天不吵便獎給兩個孩子每人一份糖果。有一次，蘇西拿了糖後顯得很躊躇，然後交出了糖，說自己不該得到它，而克萊拉則保留了她的糖。結果證明，兩人的確發生過爭吵，克萊拉似乎沒有什麼可以給自己辯解的。

## 承受痛失愛女的打擊

　　然而蘇西卻為妹妹說了好話。即使不是這樣，糖果已經被她吃掉了。蘇西對父母說；「我不知道她心裡是不是覺得錯了，不過在我的心裡，我覺得不對。」

　　馬克‧吐溫十分讚賞蘇西的舉動，他認為在道德方面的問題，蘇西總能用實際行動來證明她的判斷是正確的。

　　對於孩子的弱點，馬克‧吐溫從不過分責怪她。蘇西是個聰明、懂事的孩子。「她學習語言輕而易舉，她學習歷史輕而易舉，她學習音樂輕而易舉，她學習什麼都輕而易舉，迅速而透澈，只是拼音除外。」這是馬克‧吐溫對蘇西的評價。

　　雖然女兒拼音學得不太好，但馬克‧吐溫並不覺得難過，因為拼寫是馬克‧吐溫的一個長處，他看得不是很重。蘇西的弱點，往往給家裡帶來意外的笑聲。

　　一次，蘇西對客人說，她只去過一次教堂，那是克萊拉「上十字架」的時候，客人很詫異。原來，她把「受洗禮」說成了「上十字架」。

　　蘇西是個懂事的孩子，在她 14 歲時，她就開始給父親寫傳記，當時馬克吐溫 50 歲。

　　蘇西在開頭是這麼寫的：

我們是一個非常幸福的家庭，我們有爸爸、媽媽、吉恩、克萊拉和我。我寫的是爸爸，要寫他，這不難，因為他是個性非常突出的人。

爸爸的模樣已經寫過好多回了，不過寫得非常不正確，他有美麗的灰白頭髮，不太厚，也不太長，長得剛適合。那羅馬式的鼻子，大大增加了他外形的美。那和善的藍眼睛，還有小鬍子，他

的頭和側面長得非常好看。他的體態非常好。總之，他是非常好
看的男子。

他臉上所有的部位都是完美的，除了沒有很美觀的牙齒。他的膚
色非常好看，他沒有留大鬍子。他是一個很好的人，也是很有趣
的人。

他有脾氣，不過我們全家都有脾氣。他是我遇過或希望遇見最可
愛的人，他還會講很多好玩的故事。克萊拉和我常常坐在他椅子
的扶手上，聽他講牆上畫中的故事。

在馬克·吐溫看來，這才是直言不諱的傳記，也是忠實的
傳記。蘇西對父親沒有加上任何修飾點綴，包括對他的一些壞
習慣。

對於蘇西所寫的傳記，即使有拼音錯誤，馬克·吐溫仍保留
著原來的樣子，他說：「我愛她，不能褻瀆她。對我來說，這是
金子。改她，就是往金子裡摻假，而不是提煉她。」

馬克·吐溫始終保留著蘇西式的拼音，這些文字總能讓他回
憶起可愛、善良的女兒。

此時，馬克·吐溫獨自在英國的家中，一遍一遍地念叨：「我
再也看不到她了，我再也見不到她了。」「啊，你會看到她的。
啊，我也很想能看她，撫摸她那沒有知覺的臉，親吻她那沒有反
應的嘴唇，可是我不會把她喚回來，不，她已經獲得了人世間所
能提供的最寶貴的禮物，我絕不會剝奪她的幸福。」

為了不使自己因悲痛、憂傷、悔恨而發瘋，他在家中不停
地走動，沒完沒了地打著撞球，並且一封接一封地給歐麗維亞
寫信。

## 承受痛失愛女的打擊

　　歐麗維亞趕到時，見到的是躺在棺材裡的女兒，她陷入悲痛之中。脆弱的身體受到了一次嚴重的打擊。環球旅行中，歐麗維亞扛住了旅行帶來的疲憊，然而十幾歲時造成的病痛一直折磨著她，甚至睡覺時她都不能翻身。由於心臟疾病，她害怕走下坡路，即使很小的坡度，她都要請車伕勒著馬一步步地走。蘇西的去世使她的身體變得更糟了。

　　然而，歐麗維亞還總是保持著年輕人的個性，對許多事情保持著強烈的熱忱。她對馬克‧吐溫的演講總是抱有極大的興趣，總是聽不厭，看不膩。

　　每當馬克‧吐溫參加演講活動時，歐麗維亞總是丈夫最熱心的聽眾。即使路途再遠，她也要跟在自己丈夫的身邊。馬克‧吐溫覺得這樣會使她更勞累。事實也是如此，她的勞累已超過身體可以承受的範圍了。

　　歐麗維亞把蘇西安葬在埃爾邁拉，隨後帶著兩個女兒和一個僕人，乘船回到英國與馬克‧吐溫會合。

# 批判現實主義作家

　　愛女蘇西的死，使馬克‧吐溫一度心灰意冷。他的家中沒有歡樂，沒有喜慶，連聖誕節也好幾年都沒過。他急切地回憶著蘇西的音容笑貌，寫下關於她的筆記，藉以排遣心中的痛苦和悔恨。但當時背負的債務卻仍像一柄倒懸於頭顱上的利劍，逼迫他去寫作，必須要去賺錢。

　　1897 年，馬克‧吐溫將自己一年來環球旅行演講的經歷記錄下來，完成了《赤道環行記》。

　　《赤道環行記》不能算是一部佳作，但那一年的所見所聞給了馬克‧吐溫太多的疑問，也使他認清了許多東西。他經歷了經濟的災難、親人的逝世，感受到美國的危機、世界的動盪和殖民地民眾的苦難；他看到了邪惡的戰爭，橫行、猖獗的掠奪，也看到了政客們厚顏無恥的嘴臉；他看穿了宗教法衣下虛偽、空洞、卑鄙的靈魂，也看穿了資本主義社會裡的現代人阿諛奉承、笑裡藏刀的罪惡本性。

　　馬克‧吐溫的思想陷入了痛苦的深淵。他為認識這一切付出了高昂的代價，但也使得他對人類和人類社會的認識達到了他所能達到的最高高度。此時，誇張、荒誕、童話化等不再是為了好笑，而是為了借其融進自己冷峻尖刻的嘲諷和憤慨。

　　1893 年完成的《傻瓜威爾遜》和 1899 年完成的《敗壞了赫德萊堡的人》就充分說明了這一點。

## 批判現實主義作家

1900 年，馬克‧吐溫回到美國後，他依舊是上流社會的座上賓，處處受到歡迎和恭維。但當他面對現實，他的心情越來越沉重。每當他從聚會、宴請中回到家裡，或在與好友豪威爾斯、特威切爾等人的交談中，他那抑制不住的憤怒就迸射而出。

馬克‧吐溫開始沉思和反省，寫下了《人是怎麼回事？》、《斯托姆斐爾德船長天國游記摘錄》和《神祕的陌生人》等作品。

《斯托姆斐爾德船長天國游記摘錄》是一部幻想諷刺小說，最先構思於 1870 年左右，數易其稿後，在馬克‧吐溫辭世前 6 個月發表。作者幻想船長在死後靈魂升至天堂，並將他的一路見聞和在天堂的遊歷記錄下來告訴人們：天國裡的人不愛彈豎琴，不願永遠年輕，用不著翅膀，背後的光環也是個累贅；天國像人間一樣，也有親王貴族，也有貧賤富貴之分。而占據顯赫地位的，與人世一樣，是那些罪犯和無賴。

馬克‧吐溫用奇異大膽的想像和怪誕的手法，無情地譏笑宗教信仰的荒謬，嘲弄教會、牧師對所謂的天堂生活的鼓吹。既鞭撻了宗教的虛偽，也痛斥了人類的愚昧和輕信。

《人是怎麼回事？》則深刻反映了馬克‧吐溫對人類的邪惡本性的清楚認識。他寫道：

在整個生物界，人是唯一的獨一無二的具備惡意的東西。惡意是一切天性、一切感情和一切毛病中最卑劣的品質，是最可恨的東西。單單這一點就使人類低於鼠類，低於蛆蟲，低於旋毛蟲。他是唯一以使別人痛苦為樂的動物。

一切生物都有殺生的本性，這似乎是毫無例外的；但是在所有的
生物當中，人是唯一以虐殺為樂的一種；只有人類才出自惡意，
為了報復而嗜殺成性。

許多文學研究者根據這兩部作品和馬克‧吐溫離世後發表的
《神祕的陌生人》斷定，晚年的馬克‧吐溫是悲觀主義者，是宿
命論者。但透過對 1916 年發表的《神祕的陌生人》提出質疑和
更深一步的研究，研究者發現，1916 年的版本有很大的缺陷和
漏洞。

1969 年，馬克‧吐溫關於《神祕的陌生人》的三種不同文本
由研究者公之於世，評論界對馬克‧吐溫的悲觀主義一說有了新
的認識。

馬克‧吐溫的第一稿原叫《年輕撒旦紀事》，寫於 1897 年至
1900 年間，是未完成稿。1916 年，馬克‧吐溫生前的祕書佩因
等人在編輯出版作家遺著時採用了它。他們不僅刪除了一些意義
重要的內容，而且任意增添人物，並採用了第三稿《神祕的陌生
人》的書名。這一穿鑿附會的舉動，令馬克‧吐溫的原作失去了
部分原貌，也造成了許多誤解。

馬克‧吐溫的第三稿，《神祕的陌生人》，寫作於 1902 年至
1908 年間，是一部完成稿。小說假托一位陌生人來到 1490 年間
奧地利的一個村莊，並引發了一連串故事。其中想像尤為豐富，
事件神祕古怪，手法誇張離奇，有對人類美德的稱頌，有對科技
文明的自豪，但也有一些消極、厭世的因素，但那絕不是主要
因素。

在字裡行間，讀者仍可感到晚年的馬克·吐溫對人世生活的留戀，對人類社會的現狀和未來的深沉的思考。所謂悲觀厭世的說法，只能說明晚年的馬克·吐溫困於自己的世界觀和資產階級改良主義者的立場，將資本主義社會中的腐敗墮落、資產階級民主的虛偽和資產者的野蠻無恥，看成是全人類的共同本質。另外，此書的大部分寫於歐麗維亞病重和去世的期間。

# 陪伴妻子最後歲月

在 1902 年初，歐麗維亞一度有神經衰弱的危險，不過彷彿危險很快就過去了。

到同年的 6 月底，馬克‧吐溫在約克港近郊找到一棟有家具的屋子，以便全家來此度夏。羅傑斯送來了他的「卡那華號」快艇，這是美國水面上最快的蒸汽發動機快艇。也是當時非常先進的水上交通工具。

他們把汽艇停泊在他們屋子附近的河邊。歐麗維亞、珍和馬克‧吐溫走上了汽艇，此時馬克‧吐溫才發現歐麗維亞身邊沒有帶傭人，因為她生怕給羅傑斯先生添麻煩，她怕多一個傭人會讓羅傑斯先生應接不暇。

但這可真是太糟糕了，羅傑斯原本歡迎她可以全權控制那艘快艇，可吉恩的身體不好，需要有人照顧，這項工作就到了她媽媽身上。因為馬克‧吐溫不了解狀況，他根本幫不上忙。歐麗維亞已經安排好，把全部器具和行李由火車運到約克港。

此時天氣很好，馬克‧吐溫一家彷彿一隻鳥掠過閃著一片片金光的海面，看著眼前的一艘艘船隻被拋到後邊，好不快樂。可是，歐麗維亞卻得待在船艙照料吉恩。到了夜晚，他們先到新倫敦港，以躲過壞天氣。因為要照護吉恩，致使歐麗維亞無法好好休息。

## 陪伴妻子最後歲月

第二天早上，他們開往費爾黑文。到達目的地後，大家上岸到羅傑斯的鄉間住處去探望他們一家，這樣一來歐麗維亞也能好好休息一下。可是她偏要上岸，搞得自己疲憊不堪。

7月初，在約克港，歐麗維亞開始為自己的心臟擔心了。不到兩週，她便害怕把汽艇開出去。任何比較快速的動作都讓她感到害怕。她怕走下坡路，即使坡度很小。她請車伕在下小山坡時勒著馬小碎步前行。不止如此，她還要滿懷恐懼地看著他才放心。要是馬有片刻腳步不穩，她也要一邊抓住馬克·吐溫，一邊抓住車身，顯得驚慌失措。她似乎已經無法控制自己對一些莫名其妙的事情的恐懼和擔心了。

後來又發生了一件奇異的事。豪威爾斯住在基特裡角，距馬克·吐溫家坐電車只要45分鐘。有一天下午，豪威爾斯來看望馬克·吐溫。此時，歐麗維亞正在樓上她的臥室裡休息。豪威爾斯和馬克·吐溫坐在俯瞰小河的遊廊上聊天。豪威爾斯說他有一個朋友一生中有一個悲慘插曲的前後經過，其中最感動人的一兩點竟然很快就在歐麗維亞身上重現了。

8月6日，約克港慶祝在美洲大陸上實行城市自治250週年。在兩三天裡，白天舉行偏遠殖民地古老的遊行、群眾大會、演講等，夜晚放煙火。這是一片沸騰的景象，人們很高興能夠借助那些活動來表達自己的喜悅之情。

歐麗維亞對這些事也很感興趣，她白天跟在馬後面，晚上坐船，對正在舉行的一切加以盡情地享受。如此一來就顯得太過勞神，超過了她的體力所能負荷的程度，於是病症就開始顯露出來

了。馬克・吐溫費盡口舌，終於勸阻她不去參加最後一晚的節目表演，而是在兩三英里外的騎樓下觀看煙火。可是，他的勸阻還是有些晚了，歐麗維亞的體力已經消耗過度了。

1902 年 8 月，歐麗維亞在參加完她生平最後一次社交活動後，最終病倒在床上。

1902 年 8 月 11 日早上 7 點，馬克・吐溫突然聽到一聲尖叫，把他驚醒。他發現歐麗維亞正站在臥室的另一邊，靠在牆上，支撐著身子，一邊喘著氣說：「我要死了。」

他把她扶回到床上，請來了一位紐約醫生倫納德博士。他說這是神經衰弱，除了徹底靜心的照護，沒有其他的辦法。

醫生莫法特博士每天來一兩次，每次待幾分鐘。要是需要醫療方面的謊話，他一定忠實地提供。當那位受過訓練的護理師值班的時候，她也要說必要的謊話。這些謊話都是屬於善意的謊言。他們希望這些善意的謊言可以暫時緩解歐麗維亞的病痛折磨。

克萊拉每天值班三四個小時，她每天要把 10 多個危險的真實情況埋在心裡，並用神聖的謊話搶救媽媽的生命，給她以希望和幸福。而馬克・吐溫在歐麗維亞的臥室裡什麼消息也不講。他每天只能進臥室一次，每次只有兩分鐘，而且護理師還站在門口，手裡拿著錶，時間到了便請他離開。因為他們怕馬克・吐溫待的時間長了會影響歐麗維亞的休息，那樣將會加重她的病情。所以他們採取了基本的隔離治療的方案。

由於需要隔離治療，馬克・吐溫每天只能靠通信，與隔一間

房子的妻子聯繫。馬克·吐溫的臥室在夫人臥室的邊上，中間隔著一大間浴室，他不能跟愛妻講話，不過他可以寫信跟她聯絡。每個晚上，他把一封信從浴室門下塞進去，她的床就靠門邊。信上沒有牽涉到當前情況的消息，對她不會有什麼害處。

　　歐麗維亞用鉛筆寫下回信，每天一至兩次。一開始還寫得較長，但是，隨著時間的推移，她的體質更弱了，她只能在小紙片上寫著顫抖的字，來表達她的愛，直到她去世的那一天。

　　1904 年 6 月 5 日星期日晚，歐麗維亞永遠地離開了她深愛的丈夫和孩子們。

　　喪失心愛的人生伴侶的哀痛，不能不表現在作品的部分內容中，請看下面這段：

　　這麼說，妳要走啦，以後再也不回來啦？
　　對，她說，我們長期以來情投意合，相處得愉快，相處得愉快，
　　兩個人都很快樂；可現在我要走啦，而以後我們再也見不到面
　　了。
　　這是在今生今世，可是來世呢？我們肯定會在來世相會的吧？

　　這時，他非常平靜而嚴肅，作出了不可思議的回答：根本沒有什麼來世。

　　但即便如此，作為一名頭腦清醒的批判現實主義作家，馬克·吐溫也從來沒有悲觀過，退縮過。

# 矢志不渝的英勇革命者

1900 年 10 月，闊別美國多年的馬克‧吐溫回國時，在紐約受到熱烈的歡迎。報紙上刊登了醒目的歡迎標語，碼頭上擠滿了前來迎接這位偉人的朋友和聞風而至的記者。

馬克‧吐溫一家暫時安頓在紐約市商業區一所租來的房子裡。

他對來訪問的記者們說，離開美國時，他還是個「堅定的帝國主義者」，但自那以後，他認真思考了許多事情，「現在我是一個反帝國主義者」。

「我是一個反帝國主義者」，這句話可以說是馬克‧吐溫晚年生活和思想的真實寫照。

在 19 世紀的最後 30 年裡，世界資本主義處於飛速發展之時，幾個主要資本主義國家迅速完成了由自由資本主義到壟斷資本主義，到帝國主義的轉變。

整個世界處於動盪不安之中，每個角落都有帝國主義罪惡的身影在晃動。它們在國內愚弄欺騙國民，鎮壓起義罷工，鼓吹發動侵略戰爭，對民眾的貧困生活置之不理。在殖民地大肆搶劫殺戮，彼此之間不斷因為利益瓜分上的衝突而大打出手，將殖民地、半殖民地國家當戰場，使當地人們處於水深火熱之中。這樣的形勢，引起了馬克‧吐溫的關注和思索，在他心中激起了義憤的火花。

## 矢志不渝的英勇革命者

在《赤道環行記》中，馬克·吐溫把矛頭指向了當時在殖民地燒殺搶掠的大英帝國和俄、德帝國。他以無比憤慨和蔑視的心情，記錄下殖民者在澳大利亞、新幾內亞、紐西蘭、塔斯馬尼亞、印度、南非等地犯下的種種罪行，撕下了帝國主義侵略者用以掩蓋自己劣行的所謂給當地人帶來「文明」和「福音」的假面具，批駁「解救被奴役者是白人的責任」的無恥論調。

《赤道環行記》的問世，受到了反帝國主義人士的高度讚揚，同時也引來了帝國主義勢力及其支持者的打擊和挖苦。但是，馬克·吐溫沒有動搖；相反，他以更大的熱情投身到反對帝國主義的鬥爭中去。

1890 年代末，在歐洲，馬克·吐溫曾在報紙上發表諷刺小說和雜文，聲援法國作家埃米爾·左拉的行動，為爭取屈里弗斯事件的重審做出了一定的貢獻。回國後，他的抗爭熱忱更加高漲，他以一副反帝政治家的新面孔，出現在了美國民眾的面前。

1900 年 11 月 23 日，馬克·吐溫在紐約柏克萊博物館內舉行的公共教育協會上，發表了一篇《我也是義和團》的重要文章，譴責帝國主義列強在中國的野蠻行徑，聲援中國民眾面對侵略者的抗爭。

馬克·吐溫說：

外國人不需要中國人，中國人也不需要外國人。在這一點上，我任何時刻都是和義和團站在一起的。

義和團是愛國者。他們愛他們自己的國家勝過愛別的民族的國家。我祝願他們成功。義和團主張要把我們趕出他們的國家。我也是義和團，因為我也主張把他們趕出我們的國家。

由此可見馬克‧吐溫抨擊帝國主義者的堅定決心和膽略，也可以看出他對中國民眾的友好情誼，以及他對中國國民遭受的苦難表示同情和關注。

　　早在 1868 年，馬克‧吐溫曾撰文，反對帝國主義列強在中國設立租界。

　　1874 年，馬克‧吐溫寫了書信體小說《高爾斯密的朋友再度出洋》，揭露美國人對華工的歧視和迫害。

　　八國聯軍進入北京時，馬克‧吐溫曾表示過自己的憤怒，並堅信中國必將能拯救自己。在後來寫成的《神祕的陌生人》和《自傳》中，他仍念念不忘中國。

　　馬克‧吐溫是中國民眾堅定的、矢志不渝的朋友，他參加反對壓迫、維持正義的鬥爭絕非是一時衝動，他也絕不是某些造謠誣衊者所說的「叛國者」、「精神病」。

　　1901 年 2 月，《北美評論》上發表了馬克‧吐溫的戰爭檄文《給黑暗中的人》，文章以尖刻、辛辣的嘲諷，一層層地剝下了帝國主義者為殖民地各民族帶去「福音和文明」的畫皮。其冷酷的幽默、無情的鞭撻，以及許多雙關語、隱喻的運用，使它成為反對帝國主義運動的諷刺文學中最偉大的作品之一。

　　馬克‧吐溫指出，在「文明之福托拉斯」的口號「愛、正義、溫和、基督教義、保護弱者、節制、法律和秩序、自由、平等、為人正直、仁慈、教育」的產品包裝的裡面，「才是坐在黑暗裡的主顧用他們的血和淚、土地和自由買來的實際東西」。

　　馬克‧吐溫逐一譴責英、德、俄、美各國在全世界犯下的罪行。英國在南非用刺刀刺殺布爾人；德國在中國山東做著「敲竹

楨」的買賣；俄國人則「一手舉著他的和平王子的旗幟，一手抓著它的贓物籃子和屠刀」強占滿洲，屠殺那裡的無辜居民；美國在總統麥金利這位「耍把戲大師」的指引下，替古巴人、菲律賓人做好事，趕走了西班牙人，讓他們享受「友誼」的美酒。

馬克・吐溫還大膽倡議，給美國屬下的菲律賓省縫製一面大旗，把星條旗的「白條染成黑色，把星星換成骷髏和交叉的大腿骨」。

這篇文章發表後的巨大迴響可想而知。紐約反帝聯盟立即把它印成小冊子四處發放，喚起無數人的支持。同樣，各種謾罵和指責也隨之而來。面對敵人的侮辱，馬克・吐溫昂首挺胸，以更加猛烈的炮火還擊他們。

緊接著，馬克・吐溫又發表了《給我的傳教士批評家們》和《為芬斯頓將軍辯護》，用以進一步揭露教會和美軍在殖民地的所作所為。此後的一段時間，馬克・吐溫暫時離開了戰鬥的前沿，回到他所鍾愛的妻子身旁，歐麗維亞病重了。

雖然，愛妻歐麗維亞從馬克・吐溫的眼前永遠消失了，但她仍然活在他的心中。他沉浸在悲哀之中，沉浸在昔日兩人的情感世界中。

1905 年，馬克・吐溫完成了《夏娃日記》。在書中，他寫道：「她在哪，哪就是伊甸園。」

但是，群眾需要馬克・吐溫，群眾需要這位勇敢的戰士繼續參加戰鬥。公眾堅持不懈地尋找，終於又激發起這位老人的活力和鬥志。馬克・吐溫又漸漸地回到群眾當中，與正義的人們一

起，與那些發動戰爭，血腥屠殺「野蠻人」，扼殺革命的劊子手們展開抗爭。

1904年底，馬克‧吐溫寫了《戰爭的祈禱》一文。文中，一群受戰爭煽動者蠱惑的新兵在出征前聆聽牧師為他們祈禱：「啊，上帝呀，幫助我們用我們的砲彈把他們的士兵撕成血淋淋的碎塊吧；幫助我們使他們的愛國者的屍體覆蓋他們那風光明媚的原野吧！」

這篇文章完成後，馬克‧吐溫把它鎖進了保險箱，直至1916年才由他人發表。

1905年4月，馬克‧吐溫發表《利奧彼德國王的獨白》這一文章，鞭笞惡魔般的比利時國王利奧彼德在剛果的暴行。俄國資產階級革命發生後，馬克‧吐溫和全美許多傑出人物一起，在國內發動一場聲援運動，募集資金予以支持。

1906年4月，高爾基來到美國後，馬克‧吐溫更是熱情高漲，在集會上發表演講，在報紙上發表文章予以介紹和支持。

後來，在別有用心的人的操縱和煽動下，報紙上披露了高爾基的所謂婚姻「醜聞」，想詆毀這位革命者的形象，阻礙他實現募集資金的計劃。其實，高爾基與他原來的妻子事實上已經離婚，只因沙皇和教會從中阻撓，而沒法辦理合法的手續。高爾基與女演員安德列葉夫娜的同居，已是眾所周知的事實。

但不論怎樣，這樁「醜聞」還是掀起了軒然大波。幾乎所有人都多個大轉變，紐約的幾家大飯店拒絕他們入住，許多宴會、接待也被取消。

## 矢志不渝的英勇革命者

高爾基一下子成為了許多人口誅筆伐的犯有「重婚罪」的不恥之徒。在此情況下，原來歡呼簇擁的人退卻了，躲到了一邊。只有馬克・吐溫依然一如既往地支持高爾基，竭力向人們解釋，要人們分清是非。雖然他一個人的聲音被無情地淹沒在責難聲中，但他那英勇的氣概和不畏艱險的精神，卻令人深感佩服。

晚年的馬克・吐溫更加敏銳地看到了帝國主義侵略別國的反動本質。同時，他以超人的膽識，支持被壓迫民族的反帝運動。

馬克・吐溫曾發表過一篇著名的演講——「我也是義和團」。在這篇演說中，馬克・吐溫一方面譴責了帝國主義國家對中國的入侵，另一方面對於中國的義和團運動，表示了極大的關注和支持，明確聲明，在驅逐外國勢力、維護國家主權方面，自己是與義和團站在一起的，因為他們是真正的愛國者。

1910 年 11 月 23 日，馬克・吐溫在紐約柏克萊博物館舉行的公共教育協會上的講話時說：

> 為什麼不讓中國人擺脫那些外國人，他們儘是在她的土地上搗亂。如果他們都能回到老家去，中國這個國家將是中國人多麼好的地方啊！既然我們不准許中國人到我們這來，我願鄭重聲明：讓中國人自己去決定，哪些人可以到他們那裡去，那便是謝天謝地的事了。

就在馬克・吐溫為全世界受壓迫的民眾奔走呼號之時，他的健康狀況明顯下降了。他患了支氣管炎和心臟病，劇烈的咳嗽和心絞痛引發的痛苦在折磨著他。但是，馬克・吐溫是個個性急躁、畢生以工作為樂的人，他忍受不了整天無所事事的生活。

他下定決心，要把自己一生的經歷和他對人、對世界的感想毫無保留地告訴別人。於是，他忍著病痛，一天又一天地艱難口授著《自傳》，以「從墳墓中向世人說話」的真誠和坦率，講述著曾經發生的一切。

# 偉大的心臟停止跳動

馬克・吐溫一生中大多數時間在四處漫遊，對他來說，有個固定的居所是他的一種願望。當年他一手設計建造的哈特福的家很合心意，但那裡留下了令人傷感的回憶。

1904 年 6 月 4 日，馬克・吐溫和兩個女兒在義大利尋到一處房子，準備買下來永久居住，但歐麗維亞的病逝再次將計畫打破了。

年愈七旬的馬克・吐溫多麼渴望有個家啊！他要帶著克萊拉和吉恩在那裡繼續與命運作鬥爭。

馬克・吐溫在康乃狄克州的雷丁選定了一塊地方，準備建一所新住宅。工程由他的老友威廉・豪威爾斯的兒子約翰負責。這事他從來沒有過問。房子造好後，他為這所房子命名斯托姆斐爾德山莊，這似乎與他在此前剛發表的中篇小說《斯托姆斐爾德船長天國游記摘錄》有些關聯。據說，蓋房子的錢是由小說發行所得的稿費支付的。1909 年，山莊落成後，一家三口從紐約遷到這裡。不久，克萊拉在這裡結了婚，丈夫是一位叫奧西普・加布利羅維奇的鋼琴師。婚禮後，克萊拉與丈夫去歐洲旅行，馬克・吐溫又因病去了百慕達群島療養，家中只剩下吉恩。

吉恩在很小的時候就得了癲癇，時常發作。在母親病重期間，吉恩也生病了。那是在聖誕節的前幾天，吉恩跟年輕的道奇夫婦一起，在雪地裡長時間地坐雪橇和滑雪，回來後身上披著皮大衣，坐下時全身還是汗淋淋的，這樣就受了風寒。

於是馬上幫她請來醫生，到聖誕節前晚便病得更厲害了，是雙肺發炎。

在這段時間裡，歐麗維亞從沒有想到吉恩生病了，她每天向克萊拉問起吉恩的健康和精神狀況，做些什麼事，玩得高興不高興。而克萊拉便講給她聽，當然說的都是假話。

克萊拉每天得講吉恩穿些什麼，有時候她老講吉恩原來一些衣服都講厭了，於是就憑她的想像給吉恩的衣服增添些什麼。

吉恩需要專門的護理師照顧她，為此請了一個叫托賓的婦女來照顧她。吉恩的臥室在房子的另一頭，跟她媽媽的房間離得遠一點。因此，醫生和護理師來來去去，而媽媽卻覺察不到。

一個月後，吉恩能走動了。醫生建議給她換個環境。他說應該把吉恩送到南方，送到老角療養院去，馬克·吐溫就照辦了。凱蒂和托賓小姐陪著吉恩去。吉恩在老角療養院住了幾個星期，因為誰都受不了那個經過訓練的護理師，於是沒到期便回家了。

吉恩不在家這段時間裡，媽媽還以為她在家裡，心裡很高興，還以為她身體好好的，玩得快快樂樂。克萊拉讓媽媽每天都知道吉恩的動向。某一天，她會對媽媽說，吉恩正忙於研究木雕；第二天她會報告說，吉恩正在刻苦地學習外語；再過一天，她會說吉恩正忙著給爸爸的作品打字。

對於克萊拉所付出的辛苦，作為父親的馬克·吐溫很是心疼。在給友人蘇西·克蘭的一封信中，馬克·吐溫說：

> 親愛的蘇西，兩個小時前，克萊拉把她一天的情況講給我聽。當
> 然，我對這些還是搞不清楚，細節太多了。不過，以你在約克港

## 偉大的心臟停止跳動

的經驗，領略過病房說謊的甘苦，你多少可以了解到那可憐的孩子每天過的是什麼生活，每天得在陷阱叢中小心地走路，每小時有兩三回差點掉進去惹下大禍。

為了讓媽媽能延長生命，克萊拉就這樣機靈地做了一年多，而且天天如此。

後來，吉恩慢慢地好起來了。在母親去世後，吉恩一心想要管理好這個家。她每天早上騎馬去取信，然後去巡視自己辦的農莊和養雞場，和女管家凱莉一起操持家事。她還堅持要當父親的祕書，替他回信。她深以這樣的工作而自豪，因為她接替的是她媽媽所沒來得及做的工作。

吉恩是一個善良的孩子。從童年時代起，吉恩就把父母給她的零用錢用在各種慈善事業上。工作有了收入以後，吉恩在這方面的花費是很大方的，馬克·吐溫對此感到很高興，因為他看到了孩子那顆善良、正義的心。

有時候，吉恩的錢用光了，又不願意花父親的錢，於是就把她省下來的衣服和其他一些物品贈給救濟院。

1909 年聖誕節的前兩天，馬克·吐溫從百慕達趕回來準備和吉恩一起過節。吉恩滿面紅光地忙碌著。她忙著採購食品、禮品，她甚至準備好了送給僕人們的聖誕禮物。她還忙著搭建聖誕樹，絲毫不見疲憊的樣子。父女在新家中一邊逛，一邊聊，非常高興。

晚上 21 點，他們互道了晚安後，回房休息。

第二天清晨，馬克·吐溫剛剛醒來，管家凱莉就闖了進來。

她站在床邊，全身顫抖著，喘不過氣來，隨後她才說：「吉恩小姐死了！」

馬克·吐溫後來在筆記中寫下了那一瞬間的感覺：「戰士在一顆子彈打穿他的心臟時是什麼樣的感覺，我也許知道了。」

吉恩躺在她的浴室裡的地板上，上面蓋了一床被單。她看起來是那麼的平靜、自然，彷彿睡著了一樣。吉恩患有癲癇症，她洗澡時痙攣發作，心力衰竭。醫生從幾英里外趕來，做了種種努力，但是沒有救活她的命。

而在4天以前，馬克·吐溫在百慕達渡假一個月之後，非常健康地回來了。從第二天起，他就陸續收到從朋友和不相識的人那裡來的信和電報。這表明：人家以為馬克·吐溫正處於病重中。因此，吉恩要父親透過美聯社加以澄清。

而他卻說，還沒有重要到這個地步。可是吉恩卻說他應該替克萊拉著想，克萊拉會從德國報紙上看到新聞報導，她4個月來日夜照顧丈夫，人累壞了，身體虛弱，禁不起這樣的打擊。

馬克·吐溫覺得此話有理，於是他就給美聯社打了一個幽默的電話，否認「我正在死去」的「說法」，還說：「在我生前，我不會做出這樣的事來。」

吉恩的話語仍在耳旁迴響，但是4天後的今天，她卻永遠地離開了深愛她的父親。

74歲的馬克·吐溫夢寐以求的家又成為泡影。他寫道：「我在13年前失去了蘇西。5年半前，我失去了她媽媽，她那無人能及的媽媽！克萊拉到歐洲去住了，而如今我又失去了吉恩。我過

## 偉大的心臟停止跳動

去多麼闊氣，如今卻多麼可憐！」

馬克‧吐溫不願再經歷將親人埋入墓穴的場面。當吉恩被護送至埃爾邁拉安葬時，他在家中，對著窗外飄零的雪花，沉思著，內心充滿酸澀。

馬克‧吐溫還這樣寫道：

14 點 30 分，這是約定的時刻。葬儀已經開始。是在 600 英里以外，但是我還是能看得清清楚楚，如跟我親自在場一樣。地點是在蘭登家的書齋裡。

吉恩的棺材停放的地方，正是 40 年前她媽媽和我站在那裡舉行結婚儀式的地方，13 年前蘇西的棺材停放的地方，5 年半前她媽媽的棺材停放的地方，也是我的棺材稍遲一些時候要停放的地方。

17 點，全結束了。

當克萊拉在兩週前到歐洲去住家時，那是難受的，可是我能忍受得了，因為我還有吉恩。我說，我們要成為一個家。我們說，我們要成為親密的夥伴，要快快樂樂的就只有我們兩人。星期一，吉恩在輪船上接我的時候，我心裡做著這美妙的夢。星期二晚上，她在門口接我的時候，我心裡做著這美妙的夢。有我們在一起，我們就是一個家庭。夢成了現實，哦，可貴的真實，心滿意足的真實啊！真實了整整兩天。

後來馬克‧吐溫在壁櫥裡發現了吉恩準備送給他的聖誕禮物：一隻神氣的大地球儀。然而馬克‧吐溫對女兒的感激之情，吉恩永遠也不會知道了。

然後，就是這麼一個善良仁慈的女孩，卻早早地離開了這個世界。

吉恩下葬的那天，天下著雪。到 6 點，靈車停到了門口，準備把吉恩帶走。他們把棺材抬起來，佩因奏起了舒伯特的管絃樂《即興曲》，那是吉恩最喜愛的曲子。然後又奏了《間奏曲》，那是為蘇西演奏的。後來又奏了《緩慢曲》，那是為她們的媽媽演奏的，是馬克·吐溫請他彈奏的。

明顯衰老的馬克·吐溫憑窗望著靈車沿著大路曲曲彎彎地前進，在雪花飄飄之中逐漸模糊起來，最後終於消失了。吉恩在他的生活中永遠地消失了。

在萬籟俱靜的夜晚，這位白髮蒼蒼的老人臉上掛滿淚水。先前，他曾忍著痛苦，為早亡的兒子和長女寫悼文，以求自慰。現在，他再次伏案燈下，用顫抖的手，蘸著淚水寫了一篇悼文《吉恩死了》。

寫罷，馬克·吐溫丟掉筆，喟然長嘆：「這是最後一章！」

馬克·吐溫曾經說過：「我從沒有希望靈魂已經解脫的我的朋友復活。」對妻子和女兒們也是如此，因為他太愛她們了。

從此，馬克·吐溫的病情日益惡化了。他又乘船去百慕達療養，但他的心絞痛越來越厲害了。他意識到自己的一生行將結束，可他不想死於異鄉，他要回家。

三個月後，馬克·吐溫回到了斯托姆斐爾德山莊自己的家裡。病痛發作得越來越頻繁，但即便如此，馬克·吐溫還保持著優雅的姿態和幽默感。他說：「夜裡有胸部的疼痛時刻守護著我，白天就有氣短和我作伴。我失去的睡眠時間，足夠供一支筋疲力盡的軍隊用的。」

## 偉大的心臟停止跳動

克萊拉和她的丈夫從歐洲及時趕了回來，陪這位堅毅的老人度過了他人生最後的 5 天。

從前他的每一位親人、朋友去世的時候，他都說，死亡是他們「最珍貴的禮物」，它「足以使其它所有的禮物相形見絀，變得微不足道」。他從不希望靈魂已解脫的人重新復活，而今，他也將要解脫了。

「在我像是要死去的時候，我不願有人延長我的生命。我只需要讓我舒舒服服地離去。」面對死亡，馬克‧吐溫表現得十分坦然。

1910 年 4 月 21 日下午，這位曾使人們笑口常開的幽默作家、不懈的民主戰士與世長辭了。

馬克‧吐溫死後，遺體停放在紐約長老會的教堂裡，全國、全世界的人們紛紛前來最後一次看望他們最親愛的朋友，向他致敬。「他那種悲劇性的嚴肅精神引起人們的大笑，而糊塗的人們卻認為他只是一個人逗樂的角色罷了。」

幾天之後，馬克‧吐溫被安葬在埃爾邁拉，陪伴在他妻子、兒子和兩個女兒的身旁。他終於找到了他永遠的家。

馬克‧吐溫的一生是艱苦奮鬥、成績卓著的一生。他深深植根於的土壤之中，是當時美國藝文界、新聞界一位很有聲望的人物，被推崇為美國的「文壇巨子」，並且在全世界享有很高的聲譽，為世界群眾所景仰。

# 附錄：馬克‧吐溫年譜

1835 年 11 月 30 日，出生於密蘇里州的佛羅里達。

1847 年起，先後當過印刷廠學徒、報童、排字工人、水手、淘金工人、記者等。

1852 年 5 月 1 日，發表處女作《拓殖者大吃一驚的花花公子》。

1864 年 6 月，移居舊金山，在《晨報》工作。開始為《舊金山人》寫稿。

1865 年 11 月 18 日，在紐約的《星期六郵報》發表《卡拉維拉斯郡著名的跳蛙》。各處紛紛轉載，開始在國內取得名聲。

1867 年 4 月 25 日，第一本書《卡拉維拉斯郡著名的跳蛙和其它》隨筆。

1869 年 7 月，《傻子國外旅行記》出版。

1872 年 2 月，《艱難歷程》由勃裡斯的美國出版公司出版。

1873 年冬，與作家查爾斯‧達德理‧華納合作，寫了《鍍金時代》。

1873 年 12 月，《鍍金時代》出版。

1874 年夏，開始寫《湯姆歷險記》，並把《鍍金時代》編成劇本。

1876 年 1 月《康涅狄克焦最近的狂歡節上的罪行紀實》在《大西洋月刊》上發表。

1876 年夏，開始寫《赫克爾貝里‧芬歷險記》。

1876 年 10 月，與勃勒特‧哈特合作寫喜劇《阿星》。

1876 年 12 月，《湯姆歷險記》由勃裡斯出版。

1877 年 1 月 1 日，開始寫《乞丐王子》。

1878 年春至 1879 年夏，全家往歐洲旅行，為《國外旅遊記》收集素材。

1880 年 3 月，《國外旅遊記》出版。

1881 年 12 月，《乞丐王子》出版。

1882 年 4 月，重訪密西西比河，以便為其《密西西比河上的生活》的下半部收集素材。

1883 年夏，在誇里農莊完成《哈克歷險記》的寫作。《密西西比河上的生活》由奧斯谷特出版。

1885 年 2 月 18 日，《哈克歷險記》由韋伯斯特出版公司出版。

1885 年 1 月 2 日，韋伯斯特公司出版《格蘭特回憶錄》。

1886 年 1 月，開始寫《康州美國佬大鬧亞瑟王朝》。

1889 年 12 月，《康州美國佬大鬧亞瑟王朝》由韋伯斯特出版公司出版。

1894 年 4 月 16 日，《湯姆‧索亞在國外》由韋伯斯特公司出版。1894 年 11 月，《傻瓜威爾遜》由美國出版公司出版。

1896 年 5 月，《冉‧達克》由哈潑公司出版。

1896 年 1 月 1 日，《偵探湯姆‧索亞》由哈潑公司出版。

1897 年 1 月 1 日，《赤道環行記》由美國出版公司出版。

1901 年 2 月，《致坐在黑暗中的人》在《北美評論》上發表。

這是馬克‧吐溫反對帝國主義在世界各地實行侵略的名篇。

1909 年 4 月，《莎士比亞死了嗎？》出版。1910 年冬春，狹心症病情開始惡化。

1910 年 4 月 21 日，因狹心症不治逝世。終年 75 歲。

# 美國文學之父馬克・吐溫：

飽含開拓的精神與粗獷的幽默，以誇張性的冒險故事與生動的人物素描，開創屬於美國文學的一片天

編　　著：潘于真，何水明

發 行 人：黃振庭

出 版 者：崧燁文化事業有限公司

發 行 者：崧燁文化事業有限公司

E-mail：sonbookservice@gmail.com

粉 絲 頁：https://www.facebook.com/
　　　　　sonbookss/

網　　址：https://sonbook.net/

地　　址：台北市中正區重慶南路一段六十一號八
　　　　　樓 815 室
Rm. 815, 8F., No.61, Sec. 1, Chongqing S. Rd.,
Zhongzheng Dist., Taipei City 100, Taiwan

電　　話：(02)2370-3310

傳　　真：(02)2388-1990

印　　刷：京峯彩色印刷有限公司（京峰數位）

律師顧問：廣華律師事務所 張珮琦律師

定　　價：299 元

發行日期：2022 年 09 月第一版

◎本書以 POD 印製

## 國家圖書館出版品預行編目資料

美國文學之父馬克・吐溫：飽含開
拓的精神與粗獷的幽默，以誇張性
的冒險故事與生動的人物素描，
開創屬於美國文學的一片天 / 潘
于真，何水明 編著 . -- 第一版 . --
臺北市：崧燁文化事業有限公司，
2022.09
　面；　公分
POD 版
ISBN 978-626-332-647-7( 平裝 )
1.CST: 吐溫 (Twain, Mark, 1835-
1910) 2.CST: 傳記
785.28　　111012252

電子書購買

臉書